자기주도적
학습전략
시리즈

6

교사용 지도서

공부의 달인이 되는

쓰기 전략

전도근 · 박인숙 공저

학지사

머리말

많은 학생들이 교과내용만 완벽하게 외우면 좋은 성적을 얻을 수 있다는 생각에 쓰기를 단지 학습의 보조 수단으로만 생각하고 글쓰기에 대한 노력을 게을리 한다. 하지만 쓰기는 읽기와 마찬가지로 학습에 기초가 되는 능력으로 내면에 숨겨져 있는 것을 밖으로 끄집어 내어 하나의 가치로 평가받고 인정받을 수 있는 자료를 만들어 내는 과정이다.

아무리 많은 지식을 머릿속에 넣어 두었다 하더라도 그것을 제대로 풀어내지 못하면 지식은 그저 폐물에 불과하다. 더욱이 우리의 인생은 알고 있는 것을 얼마나 설득력 있게 풀어내는지에 따라 달라진다고 해도 과언이 아니다. 시험을 치르고, 이력서와 자기소개서를 작성하고, 면접을 보는 과정에서 우리는 글로 무언가를 계속 쓰도록 강요받는다.

문제는 학교라는 제도 속에서 성장한 학생들이 객관식 또는 단답형 문제에 익숙해져 있다는 것이다. 단답형 문제는 학습에서 요행을 부릴 수 있는 기회를 주었다. 대충 이해해서 대충 암기해도 가끔은 옳은 답을 선택할 수 있는 것이 단답형 문제다. 하지만 이렇게 요행으로 대충 익힌 지식은 온전히 자기 것이 될 수 없다. 정확히 알고 있는 지식은 지식 스스로 다른 지식을 만나면서 확장된다. 이것은 우리가 흔히 응용력 또는 적용 능력이라 일컫는 고차원적인 능력으로 고등학습에 필수적인 능력이다.

글쓰기는 모호한 것을 분명하게 해 주며 사고를 확장할 수 있도록 도와 전혀 새로운 것을 만들어 내기도 한다. 현재 많은 사람들이 학습에서 쓰기의 능력을 간과하고 있지만 절대 그 중요성을 잊어서는 안 되는 이유이기도 하다.

사실 경험이 부족한 사람이 단기간의 노력으로 글을 잘 쓸 수는 없다. 하지만 쓰기 전략을 배움으로써 글쓰기의 숙련 시간을 단축시키고 시행착오를 줄일 수 있다.

이 책은 프롤로그와 총 6장의 본문으로 구성되어 있다. 프롤로그에서는 쓰기의 중요성에 대하여 설명하면서 초등학교 국어 교과서 내용을 분석하였다. 제1장에서는 쓰기의 중요성에 대해 설명하였고, 쓰기 전략 검사지를 통해 자신을 점검해 볼 수 있도록 하였다. 제2장에서는 초등학교 발달 단계별로 쓰는 방법에 대해 설명하였다. 제3장에서는 효과적인 쓰기 교육을 위한 쓰기 과정에 대해, 제4장에서는 용도에 따른 쓰기 전략에 대해, 제5장에서는 문법에 대해, 제6장에서는 노트 필기 전략에 대해 설명하였다.

이 책은 학생들의 쓰기 능력을 향상시킬 수 있도록 여러 가지 글쓰기의 구성 요소들을 단계별로 제시한 것으로서, 쓰기 전략의 부족으로 공부가 뜻대로 되지 않아 힘들어하는 학생들이 자신의 생각을 보다 자유롭게 표현하기를 바라는 마음에서 집필하였다. 부디 이 책을 통해 모든 학생들이 공부를 잘하는 세상이 되기를 바란다.

2010년

저자 일동

차 례

제3장 쓰기 능력을 향상시켜 주는 쓰기 과정

제4장 용도에 따른 쓰기 전략 지도

제5장 쓰기 능력 향상을 위한 문법 지도

제6장 노트 필기 전략 지도

이 책의 활용 요령

이 책은 자기주도적인 공부 습관을 형성하기 위해 학습에 가장 기초가 되는 쓰기 능력을 향상시키기 위한 프로그램으로 구성하였다. 공부에 부담을 느끼고 힘들어하는 학생들과 상담을 하다 보면 그들 대부분이 글쓰기에 대한 개념이 형성되어 있지 않아 배운 것을 정리한 후 그것을 자기 것으로 풀어내지 못한다는 것을 알 수 있다. 머릿속에 아무리 많은 지식이 있더라도 그것을 제대로 풀어내지 못한다면 학생은 학업에서 좌절감만 느끼게 된다. 그리고 아무리 뛰어난 학생이라 하더라도 이러한 일이 반복되면 학습 부진아로 전락하는 것은 시간문제다.

이 책은 무엇을, 어떻게 읽고 써야 하는지 모르는 학생들에게 글감과 주제를 정하고 자료를 찾아 말하고자 하는 것을 효과적으로 표현할 수 있게 도와줄 것이며, 글쓰기를 잘할 수 있도록 기초를 다져 주고 방향을 제시해 줄 것이다.

이 책은 다양한 활동과 검사지로 구성되어 있다.

검사지는 학생의 쓰기 전략을 진단하여 부족한 부분을 단계적으로 채울 수 있도록 구성하였으며, 활동은 쓰기 능력을 향상시키기 위해 학생 스스로 풀어 볼 수 있도록 하였다. 이때 시험 문제를 풀듯 접근하면 효과가 없고 활동지의 지문을 통해 스스로 문제를 분석한 후 답하도록 해야 한다. 답안을 작성할 때는 하나의 정답만을 고집하지 말고 다양한 시각으로 여러 가지 답을 얻을 수 있도록 도와주어야 한다.

앞으로 우리는 모범답안이 있는 문제집 속의 세상이 아니라 먼저 생각하고 고민하는 사람이 만들어 가는 변화의 세상에 살게 될 것이다. 따라서 우리의 아이들에게 'work hard'가 아닌 'think hard'할 수 있도록 지도해야 한다.

이 책의 모든 문제는 쓰기 능력을 향상시키는 것이 목적이지 정답을 구하는 것이 목적이 아님을 명심하고, 모범답안에 익숙해져 문제풀이에 어려움을 겪는 학생들이 불안해지지 않도록 끈기와 인내를 가지고 학생을 지도해야 한다.

쓰기 능력을 전략적으로 향상시키기 위해서는,

첫째, 회차별 지도 계획에 따라 학습코칭을 해야 한다.

둘째, 검사지가 있는 경우 먼저 검사지를 통해서 학생의 상황을 점검하여 부족한 부분을 중점적으로 지도한다.

셋째, 쓰기 능력 향상을 위해 단계별로 지도한다.

넷째, 활동을 통해서 쓰기 능력을 향상할 수 있도록 지도하는데, 먼저 지도요령( )을 충분히 익혀 활동지를 작성하는 방법과 목적을 설명해 준 다음 작성하도록 한다.

활동을 하는 도중 기존의 교육 방식대로 모범답안을 요구한다면 학생의 쓰기 능력은 더 이상 진전되지 않을 것이다. 따라서 이 활동은 반드시 학생이 자발적으로 하도록 하고 학습코치는 어떤 대답이든 긍정적인 자세로 받아들이는 열린 마음을 가지도록 한다. 지도를 하면서 칭찬과 격려로 학습동기를 유발시켜 학생이 즐거운 마음으로 스스로 학습할 수 있게 해야 함을 잊지 말아야 한다.

회차별 지도 계획

다음에 제시되는 지도 계획과 세부 내용은 참고할 수 있는 하나의 예이다. 학생의 수준과 상황에 맞게 다양한 방법으로 수업을 진행할 수 있다.

회차	프로그램 명	세부 내용	비고
1	쓰기란 무엇인가	쓰기의 개념 정의 알기 쓰기 능력의 중요성 알기 초등학교에서 필요한 쓰기 능력 알기 쓰기 능력과 논술의 차이 알기	
2	발달 단계별 쓰기 전략 지도	초등학교 1학년 초등학교 2학년 초등학교 3학년 초등학교 4학년 초등학교 5학년 초등학교 6학년	
3	쓰기 능력을 향상시켜 주는 쓰기 과정	주제 선정하기	활동 1~4
4		배경 지식 활성화하기	활동 5~8
5		아이디어 생성하기	활동 9~12
6		표현하기	활동 13~15
7			활동 16~18
8			활동 19~21
9		고쳐쓰기	
10	용도에 따른 쓰기 전략 지도	정보 전달을 위한 글쓰기	활동 22, 23
11		설득하는 글쓰기	활동 24
12		정서 표현의 글쓰기	활동 25, 26
13		친교의 글쓰기	활동 27
14	쓰기 능력 향상을 위한 문법 지도	문장의 성분	활동 28
15		품사	
16		맞춤법	
17		띄어쓰기	
18		문장부호와 교정부호	
19	노트 필기 전략 지도	필기 전략의 필요성 시험 잘 보는 노트 필기 전략 효율적인 노트 필기법 코넬 노트 필기법 마인드맵 노트 필기법	
20	평가 및 정리	평가 및 정리	

프롤로그: 쓰기의 중요성을 모르는 부모에게

1. 왜 쓰기가 중요한가

교육 현장에서 글쓰기 능력은 읽기와 마찬가지로 필수사항이다. 정기적으로 실시하는 시험과 수행평가, 노트 필기, 메모장, 사생대회, 하물며 게시판을 꾸미고 반성문을 작성하는 데도 글쓰기 능력이 필요하다.

국어 교과서의 영역을 크게 '듣기' '말하기' '읽기' '쓰기'의 네 영역으로 나눈다면 이 중 읽기와 쓰기는 국어의 양대 산맥이 되어 모든 교과과정에서 가장 기초가 되는 학습 능력이라 할 수 있다. 여기서 듣기는 읽기와, 말하기는 쓰기와 일맥상통한다.

듣기와 읽기는 귀와 눈을 통해 전달된 언어를 받아들이고 이해하는 것이며, 말하기와 쓰기는 자신의 생각을 말과 글로 표현하는 것이다. 다른 점이 있다면 듣기와 말하기가 소리로 소통한다면 읽기와 쓰기는 문자로 소통하는 것이다. 즉, 듣기와 말하기, 읽기와 쓰기는 개별적으로 독립시켜 계발할 수 없는 능력으로서 서로 긴밀하게 연결되어 있다.

읽기를 보석의 원석이라 할 수 있는 정보를 수집하는 과정이라고 한다면 쓰기는 보관해 두었던 원석을 다듬어 보석으로 만드는 과정이라 할 수 있다. 즉, 자신의 생각을 설득력 있게 표현하기 위해 읽기와 쓰기는 둘 다 필수적인 능력이다.

쓰기는 독자를 전제로 한다. 따라서 일방적으로 내 생각과 느낌을 표현하면 그만인 것이 아니라, 독자를 고려하여 내용을 선택해야 하며 표현을 조절해야 한다.

쓰는 사람은 심혈을 기울여 녹여 낸 자신의 글을 읽는 독자가 자신의 뜻대로 그 글을 고스란히 받아들일 것으로 여긴다. 그러나 실제로 독자는 글을 그대로 받아들이지 않으며, 읽으면서 자기 나름대로 정보를 거부하거나 무시하기도 하고 강화하기도 한다. 심지어 없는 내용을 만들어 스스로 글을 재구성하기도 한다.

이렇게 볼 때, 쓰기는 쓰는 사람이 가지고 있는 기존의 다양한 경험을 통해 생각을 키워 내고, 독자가 어떻게 받아들일 것인가를 고민하면서 새로운 정보나 주장을 펴나가는 복잡한 정신 활동으로서 쓰기 능력을 학습하는 것만으로도 다양한 사고(思考)의 능력을 향상시킬 수 있게 된다.

이러한 이유에서 교육과정에서의 쓰기 능력은 나날이 강조되고 있으며 계발되고 있다.

쓰기를 통해 얻을 수 있는 사고력은 다음과 같은 것이 있다.

- 판단력: 옳고 그름이나 좋고 나쁨을 판단하는 능력
- 추리력: 몇 개의 사실을 바탕으로 특별한 사건이나 상황이 앞으로 어떻게 진행될지 미리 짐작하는 능력
- 집중력: 한 가지 일에 몰두하는 능력
- 창의력: 새로운 것을 생각해 내는 능력
- 문제 해결력: 어떠한 문제가 생겼을 때 이를 해결할 수 있는 능력
- 논리력: 말이나 글에서 생각이나 추리 따위를 이치에 맞게 표현하는 능력
- 비판력: 사물의 옳고 그름을 가리어 판단할 수 있는 능력
- 탐구력: 진리나 학문 따위를 깊이 파고들어 연구하는 능력

2. 초등학교 교과서에 나오는 읽기 · 쓰기 지도 방법

• 초등학교 1학년의 읽기 · 쓰기

초등학교 1학년 교과서에서는 쉽고 재미있는 내용을 자유롭게 읽고 쓰도록 한다. 이는 학습자가 글에 흥미를 가지고 언어에 대한 개념을 정확하게 정립할 수 있도록 돕는 활동이다. 따라서 글에 흥미를 가질 수 있도록 재미있는 내용을 선정해서 읽을 수 있도록 지도해야 하며, 받아쓰기 연습을 자주 반복해서 정확한 낱말이나 문장을 구사할 수 있도록 지도해야 한다.

학년 및 영역	지도 목표*
1-쓰-1	재미있는 내용을 선정하여 글을 쓴다.
1-쓰-2	낱말이나 문장을 정확하게 받아쓴다.
1-쓰-3	쓰기에 대하여 흥미를 가진다.

- 초등학교 2학년의 읽기 · 쓰기

초등학교 2학년 국어 교과서의 쓰기 영역에는 목적에 따라 달라지는 다양한 쓰기 방법과 문장을 구성하는 기본 구조에 대한 안내가 나온다. 또한 독자의 흥미를 끌 수 있는 내용을 선정하여 글을 쓰는 방법과 자신의 생각을 문장으로 정확하게 표현하는 방법을 알려 주며, 글자의 크기와 모양을 조절하여 쓸 수 있도록 다양한 글씨체를 알려 준다. 따라서 쓰기 영역에서는 목적에 따라 독자의 흥미를 끌 수 있는 내용을 선정해서 문장 구조에 맞게 글을 쓰는 연습을 하고 글자의 크기와 모양을 조절하며 쓸 수 있도록 지도해야 한다.

읽기 영역에서는 이어질 내용을 상상하면서 작품에 흥미를 가지고 적극적으로 읽는 습관을 기를 수 있도록 상상력을 자극하는 문학작품을 소개하고 있다. 따라서 작품에 흥미를 가지고 학생 스스로 이어질 내용을 미리 상상하면서 읽을 수 있도록 지도해야 한다.

학년 및 영역	지도 목표
2-쓰-1	쓰기에는 여러 가지 목적이 있음을 안다.
2-쓰-2	크기와 모양을 조절하며 글자를 쓴다.
2-쓰-3	독자의 흥미를 끌 수 있는 내용을 선정하여 글을 쓴다.
2-쓰-4	자신의 생각을 문장으로 정확하게 표현한다.
2-국-1	문장 안에서 꾸며 주는 말의 기능을 안다.
2-문-1	이어질 내용을 상상한다.
2-문-2	작품에 흥미를 가지고 즐겨 읽는 습관을 지닌다.

* 이하 이 부분에서 언급하고 있는 '학년 및 영역'과 '지도 목표'는 현행 교육과정 해설서에서 인용한 내용이다.

• 초등학교 3학년의 읽기 · 쓰기

초등학교 3학년 국어 교과서의 쓰기 영역에서는 글을 쓸 때 지식이나 경험을 바탕으로 창의적인 글을 쓰는 방법과 원인과 결과, 공통점과 차이점으로 글을 구성하는 방법을 알려 준다. 또한 글의 목적과 분위기에 따라 낱말과 문장부호를 선택하는 방법을 알려 준다.

국어 영역에는 우리말의 어순과 이어 주는 말의 기능에 대한 내용이 수록되어 있으며, 문학 영역에는 작품에 나오는 인물이 되어 다양한 감정을 경험할 수 있도록 해 준다.

따라서 자신에게 맞는 작품을 스스로 찾아 작품에 나오는 인물이 되어 생각할 수 있도록 지도해야 한다.

학년 및 영역	지도 목표
3-쓰-1	글을 쓸 때는 지식이나 경험을 활용해야 함을 안다.
3-쓰-2	문장부호의 종류와 쓰임을 알고 바르게 사용한다.
3-쓰-3	내용을 창의적으로 도출하여 글을 쓴다.
3-쓰-4	원인과 결과가 드러나게 글을 쓴다.
3-쓰-5	공통점이나 차이점이 드러나게 글을 쓴다.
3-쓰-6	알맞은 낱말을 선택하여 글을 쓴다.
3-국-1	우리말에는 어순이 있음을 안다.
3-국-2	이어 주는 말의 기능을 안다.
3-문-1	작품에 나오는 인물이 되어 본다.
3-문-2	작품을 스스로 찾아 읽는 습관을 지닌다.

• 초등학교 4학년의 읽기 · 쓰기

초등학교 4학년 국어 교과서의 읽기 영역에는 여러 가지 읽기 방법과 주제를 파악하며 글을 읽는 방법 및 내용에 따라 알맞은 제목을 붙이는 방법이 나온다. 따라서 읽기 영역에서는 여러 가지 방법으로 주제를 파악하면서 글을 읽도록 지도하며, 글에 알맞은 제목을 붙이는 연습을 하도록 한다.

쓰기 영역에서는 쓰기의 과정과 주제에 알맞은 내용을 선정하여 글을 쓰는 것이 소개되어 있다. 또한 짜임새 있게 글을 쓰는 방법과 알맞은 제목을 붙여 글을 쓰는 법이 나온다. 따라서 쓰기 영역에서는 글을 쓰는 과정에 대한 지도와 함께 글을 쓸 때 주제에 알맞은 내용을 선정하고, 그에 따른 제목도 적절하게 붙이는 방법과 짜임새 있는 글을 쓸 수 있도록 지도해야 한다.

국어 영역에는 문장의 종류와 어휘의 개념이 등장하므로 그에 맞게 지도해야 하며, 문학 영역에는 작품의 구성 요소와 그것을 통해 주제를 파악하고 구성 요소를 창조적으로 재구성하는 것이 나온다. 또한 낱말과 낱말 사이의 유의관계, 반의관계, 하의관계와 작품에 나오는 인물의 사고방식을 이해하는 방법이 나온다. 따라서 문학 영역에서는 작품의 구성 요소 및 주제를 파악하는 방법을 지도해야 한다. 또한 반대로 구성 요소를 통해 창조적으로 글을 재구성하거나 낱말과 낱말 사이의 여러 가지 관계 및 작품에 나오는 인물이 처한 상황과 조건에 따라 이해하는 방법을 지도해야 한다.

학년 및 영역	지도 목표
4－쓰－1	쓰기에는 과정이 있음을 안다.
4－쓰－2	주제에 알맞은 내용을 선정하여 글을 쓴다.
4－쓰－3	문단을 짜임새 있게 구성한다.
4－쓰－4	알맞은 제목을 붙여 글을 쓴다.
4－국－1	문장의 종류를 안다.
4－국－2	어휘의 개념을 안다.
4－국－3	낱말과 낱말 사이의 유의관계, 반의관계, 하의관계를 안다.
4－문－1	작품의 구성 요소를 안다.
4－문－2	작품의 구성 요소를 통해 주제를 파악한다.
4－문－3	작품의 구성 요소를 창조적으로 재구성한다.
4－문－4	작품에 나오는 인물의 사고방식을 이해한다.
4－읽－1	읽기에는 여러 가지 방법이 있음을 안다.
4－읽－2	주제를 파악하며 글을 읽는다.
4－읽－3	글에 알맞은 제목을 붙인다.

• 초등학교 5학년의 읽기 · 쓰기

초등학교 5학년 국어 교과서를 분석해 보면 읽기 영역에서는 사실과 의견을 표현한 부분을 구별하며 글을 읽는 방법과 이어질 내용을 예측하고 글을 읽는 방법이 나온다. 또한 생략된 내용을 추론하며 글을 읽는 것이 나온다. 따라서 읽기 영역에서는 사실과 의견을 표현한 부분을 구별하며 글을 읽는 방법과 이어질 내용을 예측하며 글을 읽는 방법을 지도하고, 생략된 내용을 추론하며 글을 읽을 수 있도록 지도해야 한다.

쓰기 영역에는 쓰기 상황에 주제, 목적, 예상 독자 등이 관련되어 있다는 내용이 있으며, 조사나 관찰을 통해 내용을 선정하여 글을 쓰는 방법이 나온다. 또한 분류나 분석, 예시나 비유의 방법으로 글을 쓰는 것이 나온다. 따라서 쓰기 영역에서는 쓰기 상황에 주제, 목적, 예상 독자 등이 관련되어 있음을 지도하며, 조사나 관찰을 통해 내용을 선정하여 글을 쓰거나, 분류 · 분석 · 예시 · 비유의 방법으로 글을 쓸 수 있도록 지도해야 한다.

문학 영역에서는 작품에서 사건의 전개 과정과 인물의 관계를 이해하는 것이 나오며, 작품 속 인물의 다양한 삶을 이해하는 것이 나온다. 따라서 문학 영역에서는 작품에서 사건의 전개 과정과 인물의 관계를 파악할 수 있도록 지도해야 하며, 작품 속 인물의 다양한 삶을 이해할 수 있도록 지도해야 한다.

학년 및 영역	지도 목표
5－쓰－1	쓰기 상황에는 주제, 목적, 예상 독자 등이 관련되어 있음을 안다.
5－쓰－2	조사나 관찰을 통해 내용을 선정하여 글을 쓴다.
5－쓰－3	분류의 방법으로 내용을 전개하여 글을 쓴다.
5－쓰－4	분석의 방법으로 내용을 전개하여 글을 쓴다.
5－쓰－5	예시의 방법으로 내용을 전개하여 글을 쓴다.
5－쓰－6	비유의 방법으로 내용을 전개하여 글을 쓴다.
5－문－1	작품에서 사건의 전개 과정과 인물의 관계를 이해한다.
5－문－2	작품에 등장하는 인물의 다양한 삶을 이해한다.
5－읽－1	사실과 의견을 표현한 부분을 구별하며 글을 읽는다.
5－읽－2	이어질 내용을 예측하며 글을 읽는다.
5－읽－3	생략된 내용을 추론하며 글을 읽는다.

- 초등학교 6학년의 읽기 · 쓰기

초등학교 6학년 국어 교과서를 분석해 보면 읽기 영역에서는 글을 읽고 전체의 내용을 파악하는 방법과 주장에 대한 근거의 적절성을 판단하며 글을 읽는 방법이 나온다. 따라서 읽기 영역에서는 글을 읽고, 전체의 내용을 파악하는 방법을 지도해야 하며, 주장에 대한 근거의 적절성을 판단하며 글을 읽는 방법을 지도해야 한다.

쓰기 영역에는 주장을 뒷받침하기에 알맞은 근거를 제시하며 글을 쓰는 방법이 나온다. 따라서 쓰기 영역에서는 주장을 뒷받침하기에 알맞은 근거를 제시하며 글을 쓸 수 있도록 지도해야 한다.

국어 영역에는 문장과 문장 사이의 연결관계를 이해하는 것이 나온다. 따라서 국어 영역에서는 문장과 문장 사이의 연결관계를 이해할 수 있도록 지도해야 한다.

문학 영역에는 작품에서 사건의 전개와 배경의 관계를 파악하는 것이 나오며, 작품을 다른 갈래로 표현하는 것이 나온다. 따라서 문학 영역에서는 작품에서 사건의 전개와 배경의 관계를 파악할 수 있도록 지도해야 하며, 작품을 다른 갈래로 표현하는 방법을 지도해야 한다.

학년 및 영역	지도 목표
6–쓰–1	주장을 뒷받침하기에 알맞은 근거를 제시하며 글을 쓴다.
6–쓰–2	문제와 해결의 짜임으로 내용을 전개하여 글을 쓴다.
6–국–1	문장과 문장 사이의 연결관계를 안다.
6–문–1	작품에서 사건의 전개와 배경의 관계를 파악한다.
6–문–2	작품을 다른 갈래로 표현한다.
6–읽–1	글을 읽고, 전체의 내용을 파악한다.
6–읽–2	주장에 대한 근거의 적절성을 판단하며 글을 읽는다.

제1장

쓰기란 무엇인가

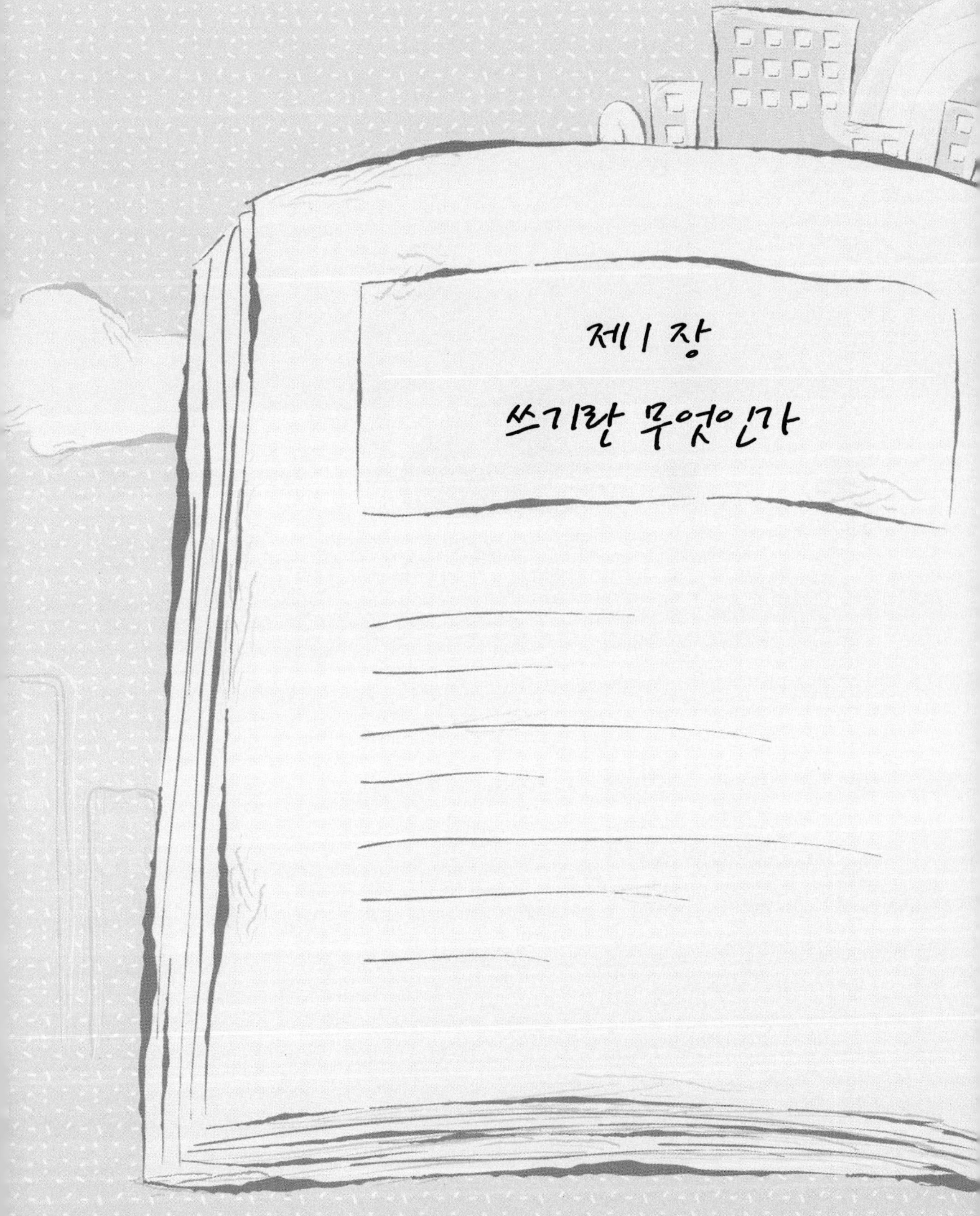

쓰기란 무엇인가	
세부 내용	• 쓰기 개념 이해하기 • 쓰기 능력의 중요성 알기 • 초등학교에서 필요한 쓰기 능력 알기 • 쓰기 능력과 논술의 차이 알기
목표	• 쓰기 개념을 설명할 수 있다. • 쓰기 능력의 중요성을 알 수 있다. • 초등학교에서 필요한 쓰기 능력을 설명할 수 있다. • 쓰기 능력과 논술의 차이를 설명할 수 있다.

단계		교수 · 학습 활동	자료
1	도입단계	• 쓰기에 대한 동기 유발 –쓰기라는 단어를 듣고 떠오르는 생각 말해 보기 • 어떻게 쓰고 있는가에 대한 질문을 한다. –지금까지 알고 있는 쓰는 방법에 대해 발표하기	
2	전개단계	• 쓰기 전략 검사 하기 • 쓰기 능력의 개념 설명해 주기 –쓰기 능력의 중요성을 알려 준다. • 초등학교에서 필요한 쓰기 능력 알려 주기 • 쓰기 능력과 논술의 차이 설명해 주기	검사지
3	정리단계	• 수업 소감 발표 –학생의 쓰기 습관에 대해 발표하기	

1 쓰기란 무엇인가

쓰기는 자신의 생각이나 느낌을 정확하게 표현하는 것을 말한다. 입시에서 논술과 면접 시험의 비중이 높아지면서 쓰기 능력이 나날이 강조되고 있지만, 글 쓰는 것을 어려워하는 학생들이 많다. 글을 쓴다는 것은 주관적이고 추상적인 작업이기 때문에 그 구체적인 방향을 제시해 주는 지침서가 부족하기 때문이다. 이러한 이유에서 많은 사람들은 '글재주'라 하여 쓰는 능력을 마치 천부적인 재능인 양 오해하고 글을 잘 써 보겠다는 노력을 하지 않으려고 한다. 하지만 글재주는 학습을 통해 충분히 계발할 수 있는 능력으로 오랜 훈련을 통해 다듬어지고 향상될 수 있다.

그럼 글을 잘 쓴다는 것은 어떤 의미일까?

글은 말과 달리 특별한 보조 장치가 없다. 예를 들어, 화자(話者)는 상대방의 반응과 분위기, 상황 그리고 비언어적인 표현을 통해 청자(聽者)를 이해시키고 설득시킨다. 하지만 글은 순전히 기호, 즉 문자만을 이용해 보이지 않는 대상을 이해시키고 설득해야 한다. 따라서 글은 목적에 맞게 논리적이고 명확해야 하며 뒷받침하는 작은 이야기들이 적절해야 한다.

글을 잘 쓰기 위해서는 글의 평가 항목을 고려하면서 쓰면 된다. 즉, 글을 쓸 때는 내용, 조직, 표현으로 나누어 내용면에서는 독창성, 상상력, 풍부성, 주제의 명료성, 주제와 제재·내용의 연결성, 주제·제재·제목의 긴밀성을 고려해야 한다. 조직면에서는 통일성, 일관성, 논리성, 문단의 구분, 사건이 일어난 순서에 따른 짜임새를 고려해야 한다. 표현면에서는 문체의 다양성, 풍부한 어휘, 정확한 어휘, 표준 어법, 다양한 문장 유형, 여러 가지 문장 구조, 관용법, 대조·비교·열거에 의한 효과적인 표현, 수식어의 적절한 사용, 독특한 글머리, 창의적인 대화문, 맞춤법, 문장부호, 띄어쓰기, 어순과 어법 등을 고려해야 한다.

글의 평가 항목

구분	하위 항목
내용	독창성, 상상력, 풍부성, 참신한 제재, 주제의 명료성, 주제와 제재·내용의 연결, 주제·제재·제목의 긴밀성
조직	통일성, 일관성, 논리성, 문단의 구분, 사건이 일어난 순서에 따른 짜임새
표현	문체의 다양성, 풍부한 어휘, 정확한 어휘, 표준 어법, 다양한 문장 유형, 여러 가지 문장 구조, 관용법, 대조·비교·열거에 의한 효과적인 표현, 수식어의 적절한 사용, 독특한 글머리, 창의적인 대화문, 맞춤법, 문장부호, 띄어쓰기, 어순과 어법

앞으로의 사회는 많이 아는 것만으로 경쟁력을 가질 수 없다. 개인의 가치는 자신이 아는 것을 얼마나 잘 표현하느냐에 따라 달라진다. 이러한 이유에서 쓰기 능력은 자신의 생각을 효과적으로 전달하는 수단으로 꼭 필요한 능력이다.

2 쓰기 능력의 중요성

쓰기 능력이란 쓰기에서 요구하는 지식, 기술의 체계를 통합해 가는 능력을 말한다. 간단하게 표현하면 쓰기 능력은 자신의 주장이나 의견을 논리적으로 표현하는 능력을 말한다. 쓰기 능력의 중요성을 강조하게 된 것은 바로 논술의 등장 때문이다. 어느 때부터인가 교육을 말하는 자리에는 단골손님처럼 '논술'이 화두가 되었다. 대학에서는 학문을 연구하기 위해서 가장 필요한 능력이 논리적으로 생각하여 표현하는 능력이라 보고 입시제도에서 쓰기 능력, 즉 논술을 별도로 시행하고 있다.

그리고 논술 능력을 평가할 때, 자신의 주장을 얼마나 독창적이고 합리적으로 제시하느냐에 따라 그 높고 낮음을 판가름한다. 지금 대학은 좋은 학생을 구분하는 판단 근거로 쓰기 능력보다 더 좋은 방법은 없다고 생각하여 많은 학교에서 논술 시험을 활용하고 있다. 이처럼 대학의 변화에 따라 교육현장에서 쓰기 능력이 나날이 강조되어 마치 논술이 교육의 만병통치약처럼 잘못 인식되기도 한다.

학생들이 대학에서 학문을 닦는 데는 비판적 사고와 논리적인 글쓰기가 필요하다. 하지만 요즘의 학생들을 보면 지식을 습득하는 능력과 표현력은 엄청난 속도로 성장하는 데 반해 쓰기 능력은 오히려 더 퇴보하고 있다. 결국 대학이나 사회에서 요구하는 논술의 강조는 어떠한 것에 대하여 자신의 의견을 이치에 맞게 따져서 서술하는 쓰기 능력을 보기 위함이다. 쓰기 능력이 없으면 아무리 지식이 많아도 제대로 표현하지 못하거나, 단편적인 정보의 나열은 될 수 있어도 체계적인 지식이 되기는 어렵다.

쓰기 능력은 학교 공부에서만 중요한 것이 아니라 사회생활에서도 자신의 생각을 정확하게 표현할 수 있도록 해 준다. 따라서 쓰기 능력이 없으면 학교에서는 좋은 성적을 얻기 어렵고, 사회생활에서도 유능한 사람이 되기 어렵다는 말이 된다.

그럼 쓰기 능력을 향상시키기 위해서는 어떻게 해야 할까?

쓰기는 다양한 경험을 통해 축적한 정보를 언어로 표현하는 창작물이다. 따라서 쓰기를 잘하기 위해서는 다양한 경험을 통해 많은 이야기를 담고 있어야 하며, 그 이야기들을 다른 누군가에게 효과적으로 전달할 수 있어야 한다. 하지만 우리는 현실에서 시간적 · 공간적 한계에 부딪쳐 제한된 경험만을 하게 된다. 이러한 한계를 극복하게 해 주는 것이 책이다. 책은 다른 사람의 눈을 통해 다양한 경험을 할 수 있도록 해 주기 때문에 책을 많이 읽으면 풍부한 소재를 바탕으로 글을 잘 쓸 수 있는 능력이 생긴다.

이러한 이유로 부모들은 어릴 때부터 아이들의 쓰기 능력을 높이기 위하여 동화책을 읽어 주고, 학습지를 하고, 학원을 보내는 등 많은 노력을 기울이고 있다. 그러나 쓰기 능력을 높이는 방법으로 무조건 책을 읽으라고 하거나 글을 쓰라는 것은 너무나 막연하다. 그래서 이 책에서는 쓰기 능력을 높이기 위한 체계적인 프로그램을 제시하여 훈련할 수 있도록 하였다.

3 초등학교에서 필요한 쓰기 능력

최근 여러 대학에서 논술을 평가하는 과정에서 제기되는 여러 가지 문제 때문에 논술시험을 폐지하면서 초등학교 학부모들이 쓰기 능력에 갖는 관심이 많이 줄어든 것이 사실이다. 하지만 글쓰기는 논술시험 대비가 아닌 자기소개서와 포트폴리오 작성을 위한 도구로도 활용되며, 일부 대학들은 초등학교 시절에 작성한 일기와 포트폴리오를 입시평가의 자료로 활용하기도 한다.

뿐만 아니라 수학능력시험에서 벼락치기가 가장 어려운 영역이 언어 능력이라고 한다. 언어 능력은 읽기, 말하기, 쓰기 등 여러 영역으로 나누어지는데, 이 모든 것의 기초를 배우고 익히는 때가 바로 초등학교 시기다.

초등학교에서 다루는 쓰기 내용에는 단어에 대한 개념 정의, 신문이나 잡지의 해설이나 기사, 물건의 사용법이나 조작법에 대한 설명, 행사 안내문, 표어, 발표문, 웅변 원고, 반성문, 시, 수필, 감상문, 일기, 편지 등이 있으며, 이들을 읽고 글로 완성하는 단계까지 가르치

고 있다. 따라서 초등학교 시기에 쓰기 훈련을 통한 쓰기 능력을 충분히 갖추지 못하면 상급학교로 진학하면서 점점 더 어려움을 느낀다. 이러한 쓰기 내용들은 초등학교 교육과정의 모든 과목이나 단원을 이용하여 지도되고 있다. 다만 그 단계나 난이도의 선택은 쓰기 발달 특성을 고려해야 한다.

칼킨스(1986)의 연구를 토대로 초등학교에서 길러야 할 쓰기 발달 특성을 살펴보면 다음과 같다.

초등학교에서 길러야 할 쓰기 발달 특성

구분	1학년	2, 3학년	4~6학년
쓰기 과정 이해	×	△	○
글씨 쓰기 제약	○	△	×
독자 고려	×	△	○
글의 구성	한두 낱말이나 문장으로 이야기 전체를 나타냄	사건 나열	복합적 구성
주요 구상 방법	그리기	활동과 말하기	사고 활동
표현 방법	그림과 글자	글자	글자
다듬기	낱말 수준	낱말 수준	교정과 편집
글 속에 생각	잘 드러내지 못함	잘 드러내지 못함	드러낼 수 있음
글의 시작과 끝	단순	단순	구체적이고 변화 있음

초등학교 1학년은 쓰기 과정에 대한 이해가 부족하며, 글씨 쓰기에 제약이 있고, 독자를 고려하지 못하고 자기 위주의 글을 쓴다. 한두 낱말이나 문장으로 이야기 전체를 나타내며, 그림과 글자를 이용하지만 글 속에 자신의 생각을 명확하게 드러내지 못하고, 글의 시작과 끝이 단순한 편이다.

그러나 초등학교 2, 3학년부터는 점차 쓰기 능력이 본격적으로 익숙해지는 시기이므로 쓰기 과정에 대한 이해가 시작되며, 쓰기에 제약이 없어지기 시작하고, 독자를 고려하는 글을 쓰게 된다. 문장으로 사건을 나열하기 시작하며, 글자로 표현하기 시작하지만 아직 글 속에 자신의 생각을 잘 드러내지는 못한다. 따라서 초등학교 2, 3학년부터 본격적으로 쓰기 훈련을 시키면 중·고등학교에서도 쓰기를 잘할 수 있는 쓰기 능력을 향상시킬 수 있다.

4 쓰기 능력과 논술의 차이

논술이란 논리적으로 생각한 것을 풀어 내는 결과물을 말한다. 이러한 논술을 잘하기 위해서는 쓰기 능력이 필수적이다. 글의 기계적인 형식만을 강조하는 글쓰기 지도는 오히려 논술력을 향상시키는 데 방해만 될 뿐이며, 좋은 글이 되기 위한 필요조건으로 쓰기 능력을 갖추어야 한다.

부모들은 초등학교 때부터 논술 교육에 심혈을 기울여 다양한 교육의 기회를 제공한다. 그러나 문제는 초등학교에서 이루어져야 하는 기본적인 소양에 대한 부분들은 간과하고 그저 논술 문제에 대한 답안을 작성하는 기술만을 가르치고 있다.

어떤 사안에 대해서 자기 나름의 생각을 논리적으로 표현할 수 있도록 학생의 수준에 맞는 지도를 해야 하지만 현실은 입시 위주의 교육에 치중하다 보니 쓰기 능력을 높이는 공부는 거의 못하는 상황이 되고 있다. 그러다 대학에 진학하기 위해서 급한 대로 많은 돈을 들여 논술시험의 모범답안을 위한 글쓰기 기술을 익히게 된다. 결국 입시 위주의 교육에서 이를 뒤쫓는 이들이 근시안적 대안을 최고인 양 따라하면서 상상력과 표현력 그리고 논리적 사고력을 키워야 하는 초등학생들에게까지 이를 강요하고 있는 것이다.

이제는 한 장의 모범답안지를 위한 쓰기교육이 아닌, 학생 스스로 풍요로운 삶을 개척할 수 있게 논리적으로 생각하고 글로 표현할 수 있는 쓰기 능력을 향상시키는 교육이 이루어져야 할 것이다.

쓰기 전략 검사

여러분의 쓰기 전략의 정도를 측정하는 질문입니다. 쓰기 능력을 높이기 위한 사전 검사이니 솔직하게 대답해 주기 바랍니다. 해당 문항이 맞으면 '예'에, 맞지 않으면 '아니요'에 체크해 주세요.

	나의 쓰기 전략은 어느 정도일까요?	예	아니요
1	글을 쓸 때, 주제를 정하고 주제와 관련된 이야기를 쓴다.		
2	적절한 예를 들어 가며 의견이 드러나는 글을 쓸 수 있다.		
3	논리적으로 생각하고 글을 쓴다.		
4	글의 흐름이 매끄럽다.		
5	글쓰기에 필요한 자료를 찾고 활용하는 방법을 안다.		
6	'설명문, 일기, 편지, 시'가 각각 어떤 짜임으로 되어 있는지 안다.		
7	긴 내용의 글을 간추려 정리할 수 있다.		
8	글의 종류에 따라 알맞은 방법으로 글을 쓸 수 있다.		
9	주장, 의견, 근거, 이유의 개념을 알고 있다.		
10	글을 읽을 때 원인과 결과를 정확하게 찾아낸다.		
11	비판적으로 사고할 수 있다.		
12	복잡하게 얽힌 이야기들을 순서대로 배열할 수 있다.		
13	글을 쓴 후 잘못된 부분이 없는지 다시 한 번 확인하고 잘못된 것은 고쳐 쓴다.		
14	자기만의 노트 필기법이 있다.		
15	맞춤법과 띄어쓰기에 맞추어 글을 쓴다.		
'예'에 답한 총 개수 (　　　　) 개			

'예'가 체크된 문항에 따라

- 10～15개: A 유형－쓰기 능력이 높군요.
- 5～ 9개: B 유형－쓰기 능력이 보통이네요.
- 0～ 4개: C 유형－쓰기 능력을 기르기 위해 노력하세요.

[A 유형]

- 글쓰기에 필요한 기본 소양을 잘 갖추고 있는 유형으로 말하고자 하는 것을 정확하게 표현하는 학생이다.
- '아니요'라고 답한 것만 찾아서 부족한 부분을 지도해 준다.

[B 유형]

- 글을 쓰고자 하는 기본 소양은 갖추었으나 글이 길어지거나 어려워질 때 끝맺음이 부족한 학생이다.
- '아니요'라고 답한 것만 찾아서 부족한 부분을 지도해 준다.

[C 유형]

- 쓰기 능력에 대한 개념이 전혀 잡혀 있지 않은 유형으로 일기나 짧은 글짓기를 하는 것도 어려워하는 학생이다.
- 표현력 부분을 중점적으로 학습시키고 먼저 생각한 것을 조리 있게 표현할 수 있는 능력을 키우도록 한다.

memo

제 2 장

발달 단계별 쓰기 전략 지도

발달 단계별 쓰기 전략 지도			
세부 내용		초등학교 발달 단계별 쓰기 지도하기	
목표		초등학교 발달 단계별 쓰기 방법을 설명할 수 있다.	
단계		교수 · 학습 활동	자료
1	**도입단계**	초등학교 발달 단계별 쓰기에 대한 중요성 설명하기	
2	**전개단계**	• 학생의 발달 수준에 맞는 쓰기 전략 알려 주기 –쓰기는 발달 단계별로 다르다는 것을 알려 준다.	
3	**정리단계**	수업 소감 발표	

인간이 다른 동물과 구별되는 가장 중요한 특징은 글자를 사용한다는 점이며, 오늘날 인류 문명이 고도로 발전을 거듭하고 있는 것도 인간의 지혜를 담아 전달해 온 도구, 즉 문자로 이루어진 책의 영향이 크다.

이러한 면에서 올바른 쓰기 지도는 평생교육의 기반으로 여기고 있으며, 그 방법적 측면으로는 아이들의 발달 심리적 특징에 따라 단계적으로 지도하는 것이 가장 효율적이다.

학생들은 발달 단계에 따라 차이가 많은데, 경험한 것이나 학습한 것에 따라 수용 능력도 달라지기 때문에 쓰기 지도 방법은 성장 과정과 연결시켜야 더 나은 방향으로 진보할 수 있다. 성장 과정에 따른 쓰기 방법을 발달 단계별로 제시하면 다음과 같다.

1 초등학교 1학년

초등학교 1학년 때는 서서히 자기를 표현하는 것에 익숙해지면서 글을 쓰는 것에 흥미를 가지게 해야 한다. 따라서 글을 쓰는 것에 재미를 느낄 수 있도록 재미있는 내용을 선정하여 글을 쓰게 하는 것이 중요하다. 이 시기에는 학생들이 실생활에서 맞닥뜨리게 되는 상황을 자신의 다른 경험과 관련지어 생각할 수 있도록 한다. 그리고 쓰기의 요령이나 형식적인 틀을 강조하기보다는 생각하는 훈련, 사고하는 방법을 지도하며, 생활 속에서 자신의 생각을 친구나 어른들에게 즐겨 말하는 것처럼 자신이 쓰고 싶은 글을 쉽고 재미있게 쓸 수 있도록 지도한다.

재미있는 글쓰기를 위해서는 학생들에게 흥미있는 내용이 무엇인지를 알아야 하며, 학생들의 호기심을 자극하는 방법을 알아야 한다. 그러나 우선적으로 글을 쓰기 위해서는 낱말이나 문장을 구사하는 능력을 가지고 있어야 하므로 받아쓰기 학습을 충분히 하는 것이 좋다.

쓰기에 대해서 흥미를 가질 수 있도록 재미있는 것을 선정해서 글을 쓰는 방법은 학생에게 지금까지 가장 기억에 남는 사건이나 경험 등을 물어보아 그것을 글로 간단하게 표현하도록 하는 것이다. 대표적으로는 일기, 편지, 간단한 독후감, 준비물, 오늘 할 일, 내일 할 일을 쓰도록 지도한다. 글로 표현하기 어려우면 그림과 함께 나타내도록 한다. 그러나 너무 어려운 주제를 주거나 강제로 시키면 오히려 쓰기에 대한 부담이 증가하고 쓰기를 거부할 수 있으므로 주의해야 한다.

쓰기 목표	주요 학습 요소	쓰기 활동
재미있는 내용을 선정하여 글을 쓴다.	• 재미있는 내용이 무엇인지 알기 • 내용 선정의 방법 알기 • 지식을 바탕으로 재미있는 내용을 선정하여 글쓰기	일기, 편지, 간단한 독후감, 준비물, 오늘 할 일, 내일 할 일

• 받아쓰기 능력 테스트

받아쓰기 자료를 단계별로 불러 주고 받아쓰는 정도에 따라 낱말이나 문장 구사력을 파악할 수 있다. 낱말이나 문장을 구사하지 못하면 받아쓰기 학습을 충분히 하도록 한다.

1급		2급		3급		4급	
1	나	1	타조	1	코끼리	1	배가 아파 배나무
2	너	2	토끼	2	제비	2	바람 솔솔
3	우리	3	오리 한 마리	3	낙타	3	휴지
4	아버지	4	우리 가족	4	개나리	4	칠판
5	어머니	5	우리 어머니	5	매미	5	고양이
6	아기	6	정다운 친구	6	끝나는 말은	6	바위
7	하마	7	고마운 선생님	7	해님이 안 떠요.	7	노래
8	나비	8	즐거운 학교	8	지렁이가 나와요.	8	필통
9	사자	9	모두 모여	9	장화를 신어요.	9	책상
10	여우	10	우리는 하나	10	비 오는 날이에요.	10	소풍
5급		**6급**		**7급**		**8급**	
1	내 꿈	1	오늘 아침	1	함께 만나자.	1	뿔을 들이밀었어요.
2	자동차	2	너무 아팠습니다.	2	고마워!	2	풀잎이다.
3	염소	3	얼굴을 찡그리자	3	참 예쁘다.	3	메뚜기를 잡으러 가요.
4	보름달	4	물으셨습니다.	4	보고 싶어.	4	사이좋게 가요.
5	별나라에 누가 사는지	5	왜 그러니?	5	우리 집에 놀러 올래?	5	나란히 앉았어요.
6	궁금합니다.	6	울음을 터뜨리고	6	함께 다녔어요.	6	어깨에 앉았어요.
7	우주선을 타고	7	친한 친구가 되었어.	7	잡아먹고 싶었어요.	7	메뚜기가 날아갈까 봐
8	창문	8	눈빛이 별처럼	8	엿보고 있었지요.	8	생각한 모양이에요.
9	고기 잡아	9	얼마나 컸는지	9	덤벼들려고 하였어요.	9	손가락을 입에 대고
10	국 끓여서	10	궁금하지?	10	힘을 합칠까?	10	움직이지 마!

9급		10급		11급		12급	
1	송알송알 싸리 잎에	1	괜찮아	1	숙제를 하려고	1	꼭 갖고 싶어요.
2	대롱대롱 풀잎마다	2	개미는 작아.	2	읽기책을 찾았다.	2	계속 졸랐습니다.
3	방긋 웃는 꽃잎마다	3	나는 힘이 세.	3	거실에도 없었다.	3	많이 닮았어요.
4	재잘대며	4	가시가 많아.	4	어젯밤에 책을 읽다가	4	심부름도 더 잘할게요.
5	앙감질로 깡충깡충	5	뾰족뾰족	5	제자리에 두지 않아	5	사 주시면 좋겠다고
6	깔깔대며 배틀배틀	6	무섭지 않아.	6	시간이 많이 걸렸다.	6	생각하였습니다.
7	쓰러집니다.	7	타조는 못 날아.	7	앞으로는 물건을 쓰고	7	음식 먹는 습관이
8	아기의 대답	8	나는 세상에서	8	귀엽고 깜찍한	8	서로 다릅니다.
9	코부터 발름발름	9	크게 웃을 수 있어.	9	어머니께 말씀드렸습니다.	9	골고루 먹습니다.
10	눈부터 생글생글	10	뒤뚱뒤뚱	10	지우개 있잖아?	10	몸이 튼튼해집니다.

13급		14급		15급		16급	
1	자기가 좋아하는 음식만	1	소금이 쏟아져 나왔고,	1	무덤 앞에 쓰러지듯 엎드려	1	머리를 긁적이는
2	건강에 나쁩니다.	2	말을 잊어버렸습니다.	2	맷돌을 훔쳐갔습니다.	2	꾀를 내었어요.
3	소중한 보물이	3	어린 너를 어찌 보낸단 말이냐?	3	도둑은 배를 타고	3	옷소매로 코를 닦았어요.
4	빨간 색종이가	4	옛날 옛적에	4	우르르 쾅 천둥 방귀	4	활을 쏘면 안 돼.
5	가져다 썼습니다.	5	코를 잘 흘리는 코흘리개	5	배 안에 쌓여 갔습니다.	5	떡시루를 힘껏 굴렸습니다.
6	민주가 활짝 웃으며	6	떡을 먹고 싶은 마음에	6	가라앉고 말았습니다.	6	김이 모락모락 올라왔습니다.
7	색종이를 모아 두니	7	머리가 너무 가려웠어요.	7	약값으로 빌린 돈이	7	맛있는 냄새가 솔솔 나자
8	참 좋습니다.	8	손을 휘휘 내저어	8	빚을 갚기 위하여	8	혼자 먹고 싶은 생각이
9	함부로 버리지 않았으면	9	따뜻한 엄마 품속	9	엎드려 절을 하였어요.	9	쫓아가 먼저 잡는 쪽이
10	필요할 때에	10	꽃잎에 맺힌 이슬	10	구슬 같은 눈물을 흘렸어요.	10	배꼽을 쥐고 웃었습니다.

2 초등학교 2학년

초등학교 2학년 때는 쓰기에 여러 가지 목적이 있음을 알려 주어야 한다. 이 시기에는 글의 목적에 따라 글의 종류(일기, 감상문, 편지 등)가 다양하며 글의 종류에 따라 글을 쓰는 방식이 다르다는 것도 알려 주어야 한다.

쓰기 훈련을 통해 글의 목적에 따라 종류를 구분할 수 있게 되면 독자의 흥미를 끌 수 있는 내용을 선정해서 글을 쓰는 연습을 시키는 것이 중요하다. 이와 함께 글자의 크기와 모양을 조절하며 쓸 수 있도록 하여 제목이나 중요한 내용은 글자의 크기와 모양을 다르게 표현하도록 한다.

또한 독자의 흥미를 끌기 위해서는 무엇이 필요한지를 알려 주는 것도 필요하다. 이때 글을 자신의 입장에서 쓰기보다는 상대방이 어떻게 하면 좋아할지를 이야기하면서 글을 쓰게 하는 것이 효과적이다.

쓰기 목표	주요 학습 요소	쓰기 활동
쓰기에는 여러 가지 목적이 있음을 안다.	• 목적에 따른 글의 종류 알기 • 글의 종류에 따른 글쓰기 방식 알기 –정보를 전달하는 글쓰기 –설득하는 글쓰기 –정서 표현의 글쓰기 –친교의 글쓰기	• 개념 설명하기 • 웅변 원고 쓰기 • 하루 중 제일 즐거웠던 일 쓰기 • 엄마에게 편지 쓰기

글은 쓰는 목적에 따라 정보 전달을 위한 글, 설득하는 글, 정서 표현의 글, 친교의 글 등 네 가지로 나눌 수 있다. 정보 전달을 위한 글에는 단어의 개념 정의, 신문이나 잡지의 해설이나 기사, 물건의 사용법이나 조작법에 대한 설명서, 행사 안내문, 설명문, 보고서, 전기문 등이 있다. 설득하는 글에는 표어, 발표문, 웅변 원고, 반성문 등이 있다. 정서 표현의 글은 시, 수필, 감상문, 독후감 등이 있다. 친교의 글은 편지, 소개장, 메모, 쪽지 등이 있다.

목적에 따른 글의 종류

종류	정의
정보 전달을 위한 글	독자에게 사물이나 현상에 대한 정보를 알려 주거나 가르쳐 주기 위한 글
	단어의 개념 정의, 신문이나 잡지의 해설이나 기사, 물건의 사용법이나 조작법에 대한 설명서, 행사 안내문, 설명문, 보고서, 전기문
설득하는 글	어떤 사실이나 정보를 독자에게 확신시키거나 설득시키기 위한 글
	표어, 발표문, 웅변 원고, 반성문
정서 표현의 글	언어 및 언어 형태의 독특한 사용과 관련하여 독자에게 심미적 정서를 불러일으키거나 즐거움을 느끼게 하기 위한 글
	시, 수필, 감상문, 독후감
친교의 글	필자의 내적인 표현 의지를 나타내는 글
	편지, 소개장, 메모, 쪽지

3 초등학교 3학년

초등학교 3학년 때는 내용을 창의적으로 생각하여 글을 쓰게 하되 원인과 결과가 드러나게 하고 공통점이나 차이점이 드러나도록 쓰기를 지도해야 한다. 그렇게 하기 위해 창의적인 내용 생성이 무엇인지 알려 주어야 하며, 지식을 활성화할 수 있도록 지도해야 한다. 또한 원인과 결과의 개념을 알려 주고, 원인과 결과를 이용한 내용 조직의 방법 및 언어 표현법을 알려 주어야 한다. 공통점이나 차이점이 드러나도록 글을 쓰게 하기 위해서는 비교와 대조의 개념 및 비교와 대조를 이용한 내용 조직 방법을 알려 주어야 한다.

쓰기 목표	주요 학습 요소
내용을 창의적으로 생각하여 글을 쓴다.	창의적인 내용 생성이 무엇인지 알기, 창의적인 내용 생성 방법 알기, 지식을 활성화하기
원인과 결과가 드러나게 글을 쓴다.	원인과 결과의 개념 알기, 원인과 결과를 이용한 내용 조직 방법 알기, 원인과 결과가 드러나게 하는 언어 표현법 알기, 관련 지식을 바탕으로 원인과 결과가 드러나게 글쓰기
공통점이나 차이점이 드러나게 글을 쓴다.	비교와 대조의 개념 알기, 비교와 대조의 같은 점과 다른 점 알기, 비교와 대조를 이용한 내용 조직 방법 알기, 관련 지식을 바탕으로 비교와 대조를 활용하여 글쓰기

4 초등학교 4학년

초등학교 4학년 쓰기 영역에서는 글을 쓰는 과정에 대한 지도와 함께 글의 주제에 알맞은 내용을 선정하고, 그에 따른 제목을 정하는 방법과 문단을 짜임새 있게 쓰도록 지도해야 한다.

쓰기 목표	주요 학습 요소
쓰기에는 과정이 있음을 안다.	내용 생성(선정)하기, 내용 조직하기, 표현하기, 고쳐쓰기 과정 익히기, 글쓰기의 과정이 중요함을 인식케 함
시간이나 공간 순서에 따라 내용을 전개하여 글을 쓴다.	시간이나 공간 순서의 개념 알기, 시간이나 공간 순서를 이용한 내용을 조직하는 방법 알기, 시간이나 공간 순서와의 관계 알기, 시간과 공간의 순서를 잘 드러내는 언어 표현법 알기, 관련 지식을 바탕으로 시간이나 공간 순서에 따라 내용을 전개하여 글쓰기
사건이나 행동의 변화가 드러나게 글을 쓴다.	누가, 언제, 어디서, 무엇을 했는가를 염두에 두고 내용을 선정하고 조직하여 표현하게 함
문단을 짜임새 있게 쓴다.	문단의 개념 알기, 문단의 구성 원리 알기, 중심 문장과 뒷받침 문장 알기, 관련 지식을 바탕으로 문단을 짜임새 있게 쓰기

5 초등학교 5학년

5학년 쓰기 영역에서는 주제, 목적, 예상 독자 등이 관련되어 있음을 지도하며, 조사나 관찰을 통하여 내용을 선정해 글을 쓰거나, 분류 · 예시 · 비유 등의 방법으로 글을 쓸 수 있도록 지도해야 한다.

쓰기 목표	주요 학습 요소
조사나 관찰을 통하여 내용을 선정해 글을 쓴다.	조사와 관찰의 개념 알기, 조사와 관찰 방법 알기, 내용을 선정할 때 조사나 관찰의 필요성 알기, 관련 지식을 바탕으로 조사나 관찰을 통하여 필요한 내용을 선정해 논설문과 설명문 쓰기

분류의 방법으로 내용을 전개하여 글을 쓴다.	분류의 개념 알기, 분류를 이용한 내용 조직 방법 알기, 분류의 유용성 알기, 관련 지식을 바탕으로 분류가 잘 드러나도록 글쓰기
예시의 방법으로 내용을 전개하여 글을 쓴다.	예시의 개념 알기, 예시를 이용한 내용 조직 방법 알기, 예시의 유용성 알기, 관련 지식을 바탕으로 예시가 잘 드러나도록 글쓰기
비유의 방법으로 내용을 전개하여 글을 쓴다.	비유의 개념 알기, 비유의 종류 알기, 비유의 방법 알기, 비유의 필요성 알기, 관련 지식을 바탕으로 비유가 잘 드러나도록 글쓰기

6 초등학교 6학년

초등학교 6학년 쓰기 영역에서는 주장을 뒷받침하기에 알맞은 근거를 제시하며 글을 쓸 수 있도록 지도해야 한다.

쓰기 목표	주요 학습 요소
면담을 통하여 내용을 선정해 글을 쓴다.	면담의 개념 알기, 면담의 방법 알기, 내용을 선정할 때 면담의 필요성 알기, 관련 지식을 바탕으로 면담을 활용하여 내용을 선정하여 글쓰기
주장을 뒷받침하기에 알맞은 근거를 제시하며 글을 쓴다.	주장과 근거의 개념 알기, 주장과 근거의 관계 알기, 근거의 종류 알기, 주장과 근거의 관계를 활용한 내용 조직 방법 알기, 설득력 있게 주장하는 글쓰기
문제와 해결의 짜임으로 내용을 전개하여 글을 쓴다.	문제와 해결의 개념 알기, 문제와 해결의 상호 관련성 알기, 문제와 해결의 짜임이 잘 드러나게 글쓰기

memo

제3장

쓰기 능력을 향상시켜 주는 쓰기 과정

쓰기 능력을 향상시켜 주는 쓰기 과정

세부 내용	• 주제 선정하기 • 배경 지식 활성화하기 • 아이디어 생성하기 • 표현하기 • 고쳐쓰기
목표	• 주제 선정하기를 할 수 있다. • 배경 지식을 활성화할 수 있다. • 아이디어를 생성할 수 있다. • 표현하기를 할 수 있다. • 고쳐쓰기를 할 수 있다.

단계		교수 · 학습 활동	자료
1	도입단계	쓰기에 대해서 흥미를 가질 수 있는 이야기를 한다.	
2	전개단계	• 주제 선정하는 방법을 알려 준다. • 배경 지식을 활성화하는 방법을 알려 준다. • 아이디어를 생성할 수 있다. • 표현하기를 할 수 있다. • 고쳐쓰기를 할 수 있다.	활동 1~4 활동 5~8 활동 9~12 활동 13~21
3	정리단계	수업 소감 발표	

한 편의 글을 쓰기 위해서는 쓰기가 어떤 과정을 거치는지 알아야 한다. 쓰기 과정을 정확히 알면 어떤 글이든지 척척 써 나갈 수 있지만 그 과정을 모른다면 어떻게 써야 할지 고민하는 것으로 시간을 버리기 쉽다. 결국 쓰기 과정을 알면 자연스럽게 쓰기 능력 또한 향상되어 어떤 글이든 자신 있게 쓸 수 있게 된다.

쓰기 과정은 주제 선정하기, 배경 지식 활성화하기, 아이디어 생성하기, 아이디어 조직하기, 표현하기, 고쳐쓰기의 단계로 진행하는 것이 좋다. 그리고 쓰기를 지도할 때는 쓰기 과정 중심의 글쓰기 훈련을 지속적으로 적용해야 효과적이다.

주제 선정하기 ⇨ 배경 지식 활성화하기 ⇨ 아이디어 생성하기 ⇨ 표현하기 ⇨ 고쳐쓰기

1 주제 선정하기

글을 잘 쓰기 위한 첫 번째 과정은 주제 선정을 잘하는 것이다. 주제 선정은 글의 목적을 말하는데, 주제 선정을 잘해야 글의 방향을 정할 수 있으며, 좋은 내용이 나올 수 있다. 여행을 갈 때 목적지를 정해야 그에 맞는 교통수단을 결정하듯이 글의 주제가 정해져야 어떠한 방식으로 이야기를 전개할지를 결정할 수 있다.

1) 제목

제목은 글 전체 내용을 포괄하는 것으로서, 글이 어떤 내용을 담고 있는가를 예상하게 한다. 제목은 글을 통해 전하고자 하는 중심 생각이므로 무엇을 어떻게 말하고자 하는지가 분명하게 드러나야 한다.

① 제목 선정 시 고려할 사항

- 가능한 범위를 좁혀 구체적으로 정한다.
- 자신이 잘 알고 있는 사실을 주제로 정한다.

- 자신이 의도한 내용을 충분히 전달할 수 있어야 한다.
- 보편성을 띠고, 많은 사람들에게 인정받을 수 있어야 한다.
- 글의 목적에 맞으면서 참신해야 한다.

② 제목의 여러 유형

- 주제를 나타낸다.
- 화제를 나타낸다.
- 중심 인물을 나타낸다.
- 본문 중의 중요 사실을 나타낸다.
- 상징적이다.
- 이유나 원인을 나타낸다.
- 감상을 나타낸다.
- 때와 장소를 나타낸다.

2) 소재

소재는 글의 바탕이 되는 재료로 주제를 다양한 내용으로 풀어 내기 위해 활용하는 글감을 뜻한다. 주제가 목적지라면 소재는 목적지로 가기 위해 이용하는 교통수단이라 할 수 있는데, 주제를 효과적이고도 풍부하게 드러내기 위한 자료가 된다. 주제와 관련 있는 소재는 풍부할수록 좋다. 소재의 조건으로는 다음과 같은 것이 있다.

[소재의 조건]

- 풍부한 소재
- 다양한 소재
- 독창적인 소재
- 구체적인 소재
- 출처가 분명한 소재
- 객관적인 소재
- 주제를 뒷받침할 수 있는 소재

- 내용이 명확하고 사실과 일치하는 소재
- 독자의 관심과 흥미를 끌 수 있는 소재

3) 제재

글에 쓰인 여러 가지 소재 중에서 가장 중심이 되는 이야깃거리로 주제와 밀접한 관련이 있는 대표적인 글감을 말한다. 제재의 조건으로는 다음과 같은 것이 있다.

[제재의 조건]

- 경험한 이야기
- 알고 있는 이야기
- 배울 만한 이야기
- 모방한 이야기
- 새로운 이야기
- 비판적인 이야기
- 교훈이 되는 이야기
- 필요한 이야기
- 나만이 알고 있는 이야기

활동 1 제목 선정하기

본 활동은 학생들의 쓰기 능력을 높이기 위한 것입니다. 학생들이 글을 읽고 제목을 지어 보도록 지도합니다.

다음 글을 읽고 글에 맞는 제목을 지어 보세요.

1 우리 가족은 한여름에 해운대에 놀러갔다. 그런데 사람들이 너무 많아서 힘들었다. 그렇지만 해운대의 밤 경치는 너무 아름다웠다. 해운대의 경치는 그림으로 꼭 그려 보고 싶다.

제목 해운대의 경치

2 엄마와 동물원에 갔다. 사자도, 코끼리도, 얼룩말도, 하마도, 호랑이도 있었다. 동물원은 정말 재미있는 곳이다. 다음에 동생이 크면 동물원에 데리고 와서 즐겁게 해 줘야겠다.

제목 동물원

3 1912년 4월 12일 어느 날 밤, 대양을 정기 운행하는 타이타닉호가 빙산과 충돌해서 침몰하였다. 그래서 수많은 사람들이 목숨을 잃었다.

제목 타이타닉호의 침몰

4 벤자민 프랭클린은 원하는 것은 무엇이든지 자신의 노력으로 이룰 수 있다고 생각한 사람이다. 한 가지 분야에서 성공하는 것도 힘든데 벤자민 프랭클린은 인쇄공, 주간지 발행인, 의용병 대장, 시의원, 작가, 정치가, 과학자로서 미국 역사 발전에 지대한 공헌을 하였다.

제목 벤자민 프랭클린의 업적

5 세계 어느 나라에서든 패스트푸드 체인점인 KFC에서는 기분 좋은 표정을 하고 서 있는 한 노년의 신사를 언제나 만날 수 있다. 그는 다름 아닌 KFC의 창업자 홀랜드 샌더스다. 그는 어린 시절 어렵고 힘든 삶을 살았지만 좌절하지 않고 사업을 시작하여 66세의 나이에 성공하였다.

제목 KFC의 창업자 홀랜드 샌더스

6 기쁨은 일반적으로 욕구가 충족되었을 때 느끼는 감정이다. 아동기가 되면 어떤 일에 성공하였을 때, 경쟁에서 이겼을 때 기쁨을 느낄 수 있다. 성공이나 승리가 고생을 통하여 얻은 것일수록 기쁨은 크다.

제목 기쁨이란?

7 신념은 굳게 믿는 마음을 말한다. 성공한 사람은 불행과 고통을 신념으로 정복하는 사람이다.

제목 신념의 정의

활동 2 단어로 문장 만들기

본 활동은 단어로 문장을 만드는 것입니다. 이 활동을 통해서 어떤 단어에 대해 누구나 공감할 수 있는 문장을 만들어 봄으로써 상상력을 키우고, 쓰기 능력을 높이는 것이 목적입니다. 정답이 있는 것이 아니므로 자유롭게 활동할 수 있도록 도와주고 재치 있는 문장을 만든 학생은 칭찬해 줍니다.

단어를 보고 그것과 관련된 문장을 만들어 보세요.

1 단어 휴대폰

문장 휴대폰의 발달로 전 세계가 동시에 소통할 수 있게 되었다.

2 단어 인터넷

문장 인터넷 속의 가상현실이 이제 삶의 일부로 자리 잡게 되었다. 다양한 사이트와 메신저의 발달은 거의 모든 인간 생활을 인터넷에서 영위할 수 있도록 하였으며 이러한 가상현실은 동시에 여러 삶을 살 수 있게 해 주었다.

3 단어 텔레비전

문장 엄마는 텔레비전을 바보상자라고 한다. 하지만 바보상자 속은 굉장히 똑똑한 사람들로 넘쳐난다. 학자, 정치가 등 많은 전문가들이 바보상자 속에 있다. 바보상자 속에 똑똑한 사람들이 있듯 비록 모두가 소용없다고 말할지라도 그 속에는 우리가 알지 못하는 더 대단한 것이 있을 수 있다.

4 단어 컴퓨터 게임

문장 컴퓨터 게임 속 캐릭터는 내가 원하는 대로 움직인다. 마치 연극을 하듯 나 스스로 가상공간 속의 캐릭터가 되어 살아갈 수 있다.

5 단어 김치냉장고

문장 옛날에는 김치를 맛있게 오래 먹기 위해 장독에 넣어 땅에 묻어 두었다. 하지만 지금은 집 안에 김치냉장고가 있어 독을 묻지 않아도 맛있는 김치를 겨우내 오랫동안 먹을 수 있게 되었다.

6 단어 인공위성

문장 인공위성이 지구 밖에서 지구를 내려다보면서 지구의 변화를 미리 알려 주지만 그 정보들이 모두 정확한 것은 아니다.

활동 3 소재 정하기

본 활동은 학생들의 쓰기 능력을 높이기 위한 것입니다. 학생들이 글을 읽고 소재를 찾아 적어보도록 지도합니다.

다음 글을 읽고 소재를 찾아보세요.

1 나는 배를 타고 여행을 갔다.

답 나, 배, 여행

2 처음부터 우물 안에서 태어나 자란 개구리는 우물 속에 갇혀 있다 하더라도 아무것도 보이지 않는다면, 그곳에서 빠져 나오고자 노력하지 않는다.

답 개구리, 우물

3 사람의 마음에는 두 마리의 늑대가 있다. 하나는 긍정적인 생각과 행동을 하게 하는 늑대이고, 하나는 부정적인 생각과 행동을 하게 하는 늑대다.

답 사람의 마음, 늑대

4 요즘 젊은이들에게 꿈을 물어보면 꿈이 없거나 깊게 생각해 본 적이 없다는 이야기를 자주 한다.

답 젊은이, 꿈

5 꿈이 없는 사람은 시력을 잃은 것보다 불쌍하고, 말을 못하는 것보다 불쌍하고, 듣지 못하는 것보다 불쌍하다.

답 꿈

6 그는 가장 좋은 상을 받게 되었다.

답 상

7 저는 지금 사막을 탐험하고 있습니다. 이 길을 걷는 사람들에게 지도를 만들어 주려고요.

답 사막, 탐험, 지도

8 공부가 어렵다고 생각하고 있었지만 그래도 공부가 해 본 일들 중에서는 성공을 하기에 가장 쉬운 일이었다는 것이다.

답 공부

9 공부하지 않으면 어려운 생활을 하며 지독하게 가난하게 살 수밖에 없다는 생각에 대학 진학을 생각하게 되었다.

답 공부, 어려운 생활, 대학 진학

10 그는 집안을 책임지기 위하여 힘들고 어려운 직업을 전전하였다.

답 집안, 직업

11 목숨 걸고 노력하면 안 되는 것이 없다.

답 목숨, 노력

12 비행기 조종사는 사람들을 태우고 목적지까지 안전하게 도착하는 것이 목표다.

답 조종사, 안전

13 대통령은 재직 기간에 정치를 잘하려고 한다.

답 대통령, 정치

활동 4 제재 만들기

본 활동은 학생들의 쓰기 능력을 높이기 위한 것입니다. 각각의 상황에 맞는 제재를 만들어 보도록 지도합니다.

다음 조건에 맞는 제재를 자유롭게 만들어 답해 보세요.

1 내가 경험한 것 중에 제일 신나는 이야기

⇨ ______________________

2 내가 알고 있는 것 중에서 제일 재미있는 것

⇨ ______________________

3 내가 배울 만한 이야기

⇨ ______________________

4 내가 남을 모방한 이야기

⇨ ______________________

5 내가 새로 알게 된 이야기

⇨ ______________________

6 내가 아는 비판적인 이야기

⇨ ______________________

7 내가 아는 교훈적인 이야기

⇨ ______________________

8 내게 필요한 이야기

⇨ ______________________

9 나만이 알고 있는 이야기

⇨ ______________________

2 배경 지식 활성화하기

배경 지식이란 이미 알고 있는 지식으로서 직접 경험한 것은 물론 책을 통해 얻은 간접 경험을 말한다. 글을 쓰는 데 배경 지식이 있어야만 풍부한 소재가 나오고 제재를 이끌어 낼 수 있다. 배경 지식을 활용하는 전략으로는 연상하기, 예측하기, 질문하기 등이 있다.

1) 연상하기

연상하기는 글을 쓰기 위해 자신이 이미 알고 있는 것을 기억해 내고, 그것을 토대로 가장 흥미 있는 것을 선택해서 써야 할 제목이나 소재, 제재, 글의 내용으로 사용하는 것이다.

[연상 방법]

- 내가 아는 것 중에 가장 행복했던 경험
- 내가 아는 것 중에 가장 재미있었던 경험
- 내가 아는 것 중에 가장 기억에 남는 경험
- 내가 아는 것 중에 가장 슬펐던 경험
- 내가 아는 것 중에 가장 아팠던 경험
- 내가 아는 것 중에 가장 감동적이었던 경험
- 내가 아는 것 중에 가장 놀라웠던 경험

2) 예측하기

예측하기는 주제를 가지고 미래에 일어날 일이나 전개 방향에 대해서 생각해 보는 것으로서, 쓰기에 대한 능동적인 자세와 동기를 유발하는 데 도움이 된다. 또한 생각해 낸 정보들을 어떤 형식에 따라 과학적으로 정리 또는 체계화시키는 데 매우 효과적인 과정이다. 글을 쓰기 전에 제목이나 소재로 단계별로 예측을 진행하면서 수정하고 보완하는 과정을 거친다. 그리고 읽는 과정에서도 끊임없이 예측하기가 진행된다. 예측한 근거를 생각하며 읽고, 읽은 후에는 처음에 예측한 것과 실제 이야기를 서로 비교해 본다.

[예측 방법]

- 이렇게 된다면 어떻게 될까?
- 반대로 생각해 보면 어떤 결과가 나올까?
- 좀 다르게 생각하면 어떻게 될까?
- 지난번의 것과 관련시켜 해결책을 찾으면 어떨까?
- 새로운 인물을 만들어 사건을 만들면 어떻게 될까?
- 다른 방법은 없을까?

3) 질문하기

질문하기는 학생들의 발산적 사고를 자극할 수 있는 창의적 질문을 말한다. 글을 쓰기 전에 미리 적절한 질문을 함으로써 관련 배경 지식을 활성화하도록 해 주는 것이다. 이때 질문은 글을 쓰는 주제나 소재와 관련된 것이 좋다. 창의적 질문이 되기 위해서는 질문이 더 나은 이해와 더 나은 아이디어를 찾기 위한 목적에서 이루어져야 하며, 다양한 형태의 구체적인 질문이어야 한다.

[창의적 질문 방법]

- 왜 그렇게 생각했어?
- 좀 더 자세히 생각해 볼래?
- 어떻게 그런 생각을 하게 되었어?
- 다른 방법은 없을까?
- 잘못 생각하고 있는 것은 없어?
- 빠진 것은 없어?

활동 5 그때로 돌아가 보기

본 활동은 하루 중 가장 인상적이었던 사건을 기억해 보고 만일 그 당시로 다시 돌아간다면 어떻게 할 것인지를 생각해 보도록 하는 것입니다. 이 활동을 통해서 이미 일어난 사건을 시간 순서에 따라 재구성함으로써 사건의 진행 과정을 논리적으로 생각하고 표현할 수 있게 됩니다. 활동을 하면서 있었던 일을 이야기할 때 사실을 있는 그대로 시간 순서에 따라 이야기를 전개할 수 있도록 도와줍니다.

그때로 돌아가 생각해 보세요.

1 인상적이었던 일을 기억해서 이야기해 보자.

컴퓨터 오락을 하다가 동생 수빈이와 싸웠다. 고집쟁이 수빈이가 혼자서만 컴퓨터 게임을 하려고 고집을 피워서 내가 수빈이가 앉아 있던 의자를 밀어 버렸다. 수빈이는 귀가 찢어지도록 울었고 엄마는 무섭게 화를 내셨다. 결국 우리는 엄마에게 혼나고 컴퓨터 게임도 못하게 되었다.

• 그때로 돌아간다면?

수빈이에게 맛있는 과자를 주며 컴퓨터 게임을 한 번씩 번갈아 하자고 말할 것이다.

2 인상적이었던 일을 기억해서 이야기해 보자.

어린이 대공원에서 코끼리 가족을 보았다. 코와 엉덩이가 너무 커 무서워서 울어 버렸다.

• 그때로 돌아간다면?

코끼리의 코와 엉덩이가 너무 커서 많이 무서웠지만 팔랑팔랑 움직이는 귀는 정말 귀여웠기 때문에 코끼리를 좋아했을 것이다. 코끼리에게 맛있는 과자도 주고 사진도 찍으면서 즐겁게 놀 것이다.

활동 6 단어에서 연상되는 것 적기

본 활동은 학생들의 표현력을 높이기 위하여 단어에서 연상되는 것을 적어 보도록 하는 것입니다. 이 활동을 통해 새로운 단어에 대한 두려움을 없애고 자유롭게 생각한 것을 표현할 수 있게 됩니다. 학생이 어떤 답을 하더라도 근거가 있다면 칭찬해 줍니다. 정답은 없으며, 부담을 갖지 않도록 학생들이 풀기 어려워하는 문제는 풀지 않아도 됨을 알려 줍니다.

단어를 보고 연상되는 내용을 적어 보세요.

재미있는 단어 놀이		
단어	발음	연상되는 것
첫눈	천눈	1. 천둥이 칠 때 내리는 눈을 가리키는 단어 같다. 2. 첫눈이 내리면 그리운 사람이 온다는 말 때문인지 왠지 누군가가 그리워지는 것 같다.
국물	궁물	1. 국을 물로 만들어서 국물이라 하는 것 같다. 2. 궁에서 쓰는 물 같기도 하고 구정물 같기도 하다.
밭일	반닐	1. 우리말 '반짇고리'와 영어 '닐'을 결합해 만든 단어 같다. 2. 아빠가 하는 릴낚시의 한 종류 같다.
꽃밭	꼳빧	아주 배고플 때 나는 소리인 '꼬륵'과 '배고파'를 결합해 만든 단어 같다.
꽃길	꼳낄	1. 꽃게가 끼었다고 말하는 사투리 같다. 2. 암탉이 '꼬끼오' 하며 우는 소리 같다.
햇살	해쌀	1. 해를 좋아하는 새싹 같다. 2. 쌀의 한 종류로 해를 닮은 쌀 같다.

활동 7 이어질 내용 상상하여 적기

본 활동은 학생에게 이야기의 일부를 보여 준 후, 그 뒤에 이어질 많은 이야기를 상상하도록 하는 것입니다. 이 활동을 통해서 상상력과 함께 글짓기 능력도 향상시킬 수 있습니다.

다음 글을 읽고 물음에 답해 보세요.

온 가족이 바다로 여행을 갔어요.
바다로 가는 길에 우리는 재미난 이야기도 하고 휴게소에 들러 맛있는 우동도 먹었어요. 그리고 4시간 만에 바다에 도착한 우리는 수영복으로 갈아입기 위해 트렁크를 열었어요. 그런데 이게 어떻게 된 일일까요? 출발하기 전에 챙겨두었던 제 동생 지현이의 수영복이 없어졌어요. 지현이는 속상해서 …….

1 무슨 일이 일어났던 것일까?

우동을 먹기 위해 휴게소에 들렀을 때 동생 지현이가 수영복 가방을 가지고 내렸어요. 지현이는 수영복이 너무 마음에 들어 계속 들고 다니려고 했거든요. 그때 지현이가 수영복 가방을 휴게소에 놓고 온 것 같아요.

2 이 이야기를 이어 보자.

울상이 되었어요. 지현이는 어제 잠들 때도 수영복을 꼭 끌어안고 잘 만큼 수영복을 좋아했거든요. 엄마, 아빠도 난처한지 아무 말씀도 못하고 계셨어요.
그래서 제가 나서기로 했어요. 저는 지현이에게 말했어요. 집에 돌아가서 엄마에게 더 멋진 수영복을 사달라고 하자고. 그리고 여기는 바닷가기 때문에 수영복보다 원피스가 더 어울린다고 말이죠. 그러자 지현이는 얼굴이 환해졌어요. 저는 지현이를 위해 수영복을 입지 않기로 했어요. 예쁜 수영복을 못 입게 되어 많이 아쉬웠지만 지현이가 다시 밝아져 기분이 좋았답니다.

활동 8 등장인물의 좋은 점과 나쁜 점 이야기하기

본 활동은 학생들의 창의적 표현력을 높이기 위하여 이야기 속 인물들에 대해 좋은 점과 나쁜 점을 이야기해 보도록 하는 것입니다. 이 활동지를 통해 나쁘다고만 생각한 인물을 재평가함으로써 고정관념이나 편견을 극복하는 방법을 익히게 되며, 주장을 하거나 의견을 낼 때 타당한 근거를 제시할 수 있게 됩니다. 이야기를 할 때는 어느 한쪽만 편애하지 않도록 하고 좋은 점과 나쁜 점을 말할 때 반드시 근거를 제시하도록 합니다.

1 〈개미와 베짱이〉를 읽고 다음 질문에 답해 보세요.

어느 한 숲 속에 개미와 베짱이가 살고 있었어요. 개미는 여름 동안 겨울을 대비해 열심히 일을 했고 베짱이는 노래만 흥얼거렸지요. 더운 여름이 지나고 추운 겨울이 왔어요. 여름 동안 식량을 비축해 두었던 개미는 풍족하게 겨울을 보낼 수 있었지만 여름 내내 놀기만 했던 베짱이에게는 먹을 것이 없었어요. 결국 베짱이는 배고픔을 참지 못하고 개미를 찾아가 구걸했고, 개미는 베짱이를 불쌍히 여겨 먹을 것을 나눠주었답니다.

개미가 땀 흘려 일하는 동안 베짱이는 왜 노래만 불렀을까?

답 베짱이에게 혹시 나름의 이유가 있지는 않았는지 알아보기 위해 베짱이와 개미에 대해 먼저 알아보기로 했다.

베짱이는 메뚜기목 여칫과 곤충으로 몸길이가 30~36mm이며, 수명은 6개월 정도로 봄 혹은 여름에 태어나서 서리가 내리는 늦가을쯤에 죽는다. 그리고 개미는 종류에 따라 크게 다르나 그 수명이 여왕개미는 5~10년, 수개미는 짧게는 6개월, 일개미와 병정개미는 1~3년쯤 산다고 한다.

결국 보통의 베짱이였다면 겨울을 넘기지 못하고 죽게 되므로 힘들여 겨울을 대비할 필요가 없었던 것이다. 이야기 속의 베짱이가 조금은 이해된다. 하지만 이 이야기 속의 베짱이는 다른 베짱이와 달리 겨울을 나게 되었다. 안타깝게도 이야기 속의 베짱이는 본인이 다른 베짱이와 다르다는 것을 몰랐던 것이다. 만일 이야기 속의 베짱이가 자신이 다른 베짱이와 다르다는 것을 알고 겨울을 준비했다면 개미를 찾아가 구걸하는 일은 없었을 것이다.

하지만 자신이 남들과 다른 특별한 존재라는 것을 알기란 쉽지 않다.

이야기 속의 베짱이뿐만 아니라 많은 이들이 대체로 그러하다는 이유로 자신 또한 스스로를 단정 짓고 더 이상 노력하지 않는 실수를 한다. 이 글을 읽고 섣불리 자신의 한계를 단정 짓고 게으름을 피우는 일이 없도록 해야겠다는 생각을 하였다.

2 〈흥부와 놀부〉를 읽고 다음 질문에 답해 보세요.

옛날, 욕심 많은 형 놀부와 마음씨 착한 동생 흥부가 살았습니다. 흥부는 열두 명의 자녀를 두었으나 너무나 가난해 놀부의 집에 더부살이를 하였습니다. 원래 욕심이 많았던 놀부는 흥부네 가족이 매일 밥만 축내는 것을 참지 못하고 엄동설한에 흥부네 가족을 내쫓았습니다. 빈손으로 내쫓긴 흥부네 가족은 아주 어렵게 살았습니다. 어느 봄날, 흥부네 집에 제비 가족이 날아와 둥지를 틀었습니다. 그런데 어미 제비가 없는 틈을 타 구렁이가 새끼 제비를 잡아먹으려고 하였습니다. 그때 새끼 제비가 둥지에서 떨어져 다리를 다쳤습니다. 흥부는 구렁이를 쫓고 새끼 제비를 돌보아 주었습니다. 이듬해, 그 제비가 돌아와 은혜에 보답하고자 박씨 하나를 주었습니다. 그것을 심자 박이 주렁주렁 열렸습니다. 흥부가 박을 타자 금은보화가 쏟아져 나왔습니다. 흥부는 부자가 되었습니다.

이 소식을 들은 놀부는 몹시 샘이 났습니다. 그래서 제비 다리를 일부러 부러뜨리고 치료를 해 주었습니다. 이듬해, 놀부도 박씨 하나를 얻었습니다. 놀부도 주렁주렁 열린 박을 탔습니다. 한껏 기대를 하고 박을 탔으나, 그 속에서 나온 것은 금은보화가 아니라 온갖 오물이었습니다. 마지막으로 탄 박에서는 도깨비들이 나와 놀부네 집을 마구 부수고 놀부를 흠씬 때려 주었습니다.

이 소식을 들은 흥부는 놀부에게 자신의 재산을 나누어 주고 함께 살도록 하였습니다.

정말 놀부는 나쁜 사람이었을까?

답 1 나는 놀부가 이해된다. 욕심쟁이라서 좀 얄밉긴 하지만 나라도 흥부네 식구처럼 많은 식구가 계속 신세진다면 싫어할 것 같다. 더욱이 놀부는 돈을 엄청 좋아하는 구두쇠다. 놀부처럼 돈을 좋아하는 사람이 공짜로 흥부네처럼 많은 식구를 먹여 살리는 것이 쉬운 일은 아니다. 결국 놀부가 끝까지 참지 못하고 엄동설한에 흥부를 내쫓은 건 잘못이지만 처음부터 놀부가 흥부를 내쫓았던 건 아니다.

답 2 나는 흥부가 이해된다. 대책 없이 너무 많은 자녀를 둔 것도, 놀부형에게 신세진 것도 못마땅하지만 흥부도 분명 잘살아보려고 노력했을 것이다. 더욱이 흥부는 가난으로 많이 힘들었을 텐데도 자기보다 약하고 불쌍한 것을 보면 도와주려고 했다.

3 아이디어 생성하기

아이디어는 스스로 생각을 키우는 정신 활동이다. 아이디어를 통해 스스로 문제를 제기하고 답을 찾기도 하며 사물에 대해 나름의 정의를 내리기도 한다. 아이디어가 풍부하고 창의적인 학생은 두려움보다는 적극성과 자신감을 갖고 있다. 해야 할 일이 생겼을 때, 여러 가지 방법으로 시도해 볼 수 있기 때문이다. 무엇보다 글쓰기에서 아이디어가 없다면 생동감을 잃은 지루한 글이 될 것이다.

아이디어는 장차 꼭 필요한 능력이다. 앞으로의 사회는 기발한 사람만이 성공할 수 있다. 따라서 사물에 대해 관심을 갖고 즐겁게 상상할 수 있도록 지속적으로 호기심을 자극해 주어 글쓰기에 기본이 되는 영감을 얻을 수 있도록 해야 한다.

아이디어는 단기간의 노력으로 키워지는 것이 아니다. 오랜 시간 생활 속에서 길러지는 것으로서 브레인스토밍, 사전 활용, 신문 · 잡지 활용, 인터넷 활용 등을 통해 새로운 아이디어를 추출할 수 있다.

1) 다르게 생각하기

흔히 우리 주변에서 볼 수 있는 일상적인 사건이나 사물을 다른 각도에서 생각하도록 한다.

2) 브레인스토밍하기

브레인스토밍은 자신의 생각을 마음대로 발표하여 의견과 자료를 모으는 것을 말한다. 글쓰기에서 글감을 찾을 때 흔히 이용하는 방법인데 글의 주제나 소재를 찾을 때 유용하다.

브레인스토밍이 효과적으로 이루어지려면 나의 주장이 받아들여질까 하는 두려움을 버리고 생각나는 대로 의견을 마구 쏟아내야 한다. 말도 안 되는 엉뚱한 주장부터 비논리적이고 비효율적인 의견, 설사 관련 없는 단어일지라도 발표해 보는 것이 중요하다. 가능한 쏟아낼 수 있는 모든 의견과 자료를 모아야 한다.

브레인스토밍을 통해 글감(정보)이 모이면, 글감 하나하나를 검토하여 주제와 너무 동떨어져 있는 것은 지우고 비슷한 성격의 글감끼리 분류하여 정리한다. 이때 가장 먼저 나온 글감에 항목을 붙이고 그다음 글감은 첫 글감과 성격이 다른 경우 또 다른 항목을 붙여 나간다. 이렇게 마지막 글감까지 항목을 붙이다 보면 처음에는 관련이 없던 단어들과 생각들이 정리되면서 글쓰기 방향을 제시해 준다.

3) 사전 활용하기

사전으로 찾기는 원하는 정보를 얻기 위한 가장 보편화된 수단으로, 대표적으로 국어사전과 백과사전이 있다. 특히 국어사전은 우리글을 익히는 데 가장 기본이 되는 자료로, 최근 넘쳐나는 학습 자료와 인터넷의 발달로 소홀해지고 있지만 한글의 정확한 뜻을 가장 체계적으로 익힐 수 있기 때문에 그 중요도가 매우 높다.

4) 신문, 잡지 활용하기

정보를 수집하기 위해 신문이나 잡지를 미리 스크랩해 두는 것이 좋다. 주제별, 날짜별로 정리해 두면 나중에 글쓰기 작업을 할 때 귀중한 자료가 된다.

5) 인터넷 활용하기

인터넷은 현장을 직접 가 보거나 도서관을 찾아다니는 수고를 덜고 원하는 자료를 검색으로 수집할 수 있게 해 준다. 그러나 인터넷에서 얻은 자료에 대해 정확성을 판단하는 능력이 필요하다.

6) 마인드맵하기

마음속에 지도를 그리듯이 줄거리를 이해하며 정리하는 방법으로서 1971년 영국의 토니 부잔이 만들었다. 마인드맵은 세계적인 석학들의 과학적인 검증 과정을 거쳐 두뇌 활용을 극대화하는 사고 및 학습 방법으로 자리를 잡았다.

마인드맵은 이미지와 핵심어, 그리고 색과 부호를 사용하여 좌 · 우 뇌의 기능을 유기적으로 연결함으로써 두뇌의 기능을 최대한 발휘할 수 있는 사고력 중심의 두뇌 계발법이다.

주제를 정하고 키워드를 적은 다음, 식물이 줄기에서 가지로 뻗어나가듯이 사고의 가지를 만들고 마디마다 연상되는 단어를 연결하여 머릿속의 생각을 정리해 나간다. 단어들을 연결함으로써 좋은 글감을 찾을 수 있고, 말하고자 하는 주제를 찾을 수 있으며, 어떠한 방식(비교나 대조, 예화, 개념 분석, 비판이나 논박)으로 글을 써야 할지도 결정할 수 있다.

활동 9 다르게 생각해 보기

본 활동은 고정관념을 깨는 역발상을 할 수 있도록 가상의 상황을 제시하고 답변하도록 하는 것입니다. 학생들이 가능한 자유롭게 상상할 수 있도록 도와줍니다.

다음 물음을 읽고 그렇게 되면 어떨지 생각해서 적어 보세요.

1 자동차가 하늘을 난다면?

⇨ 자동차가 하늘을 난다면 바다도 건널 수 있을 텐데.

2 일주일이 10일이라면?

⇨ 그럼 학교는 일주일에 9일을 가야 하는 건가? 차라리 동생 재민이가 되고 싶다.

3 학교가 없어진다면?

⇨ 친구들을 만날 수 있는 우리만의 세계를 만들겠다.

4 하늘에 집을 짓는다면?

⇨ 바다 건너에 있는 마을을 볼 수 있을 텐데.

5 쓰레기를 먹는 식물이 있다면?

⇨ 집집마다 그 식물을 키우면 힘들게 분리수거를 안 해도 될 텐데.

6 바다가 육지라면?

⇨ 미국까지 자동차로 갈 수 있을 텐데.

7 석유가 없어진다면?

⇨ 바람을 이용해 전기를 만들어 자동차의 엔진을 가동할 텐데.

8 나를 닮은 복제인간이 생긴다면?

⇨ 나를 대신해 학교를 가게 하고 숙제를 시킬 텐데.

9 시간 여행이 가능하다면?

⇨ 30년 후 나의 아이들을 만날 텐데.

10 우주 전쟁이 일어난다면?

⇨ 우주선을 타고 우주로 나가 적들이 지구를 공격하지 못하게 할 텐데.

활동 10 브레인스토밍으로 글감 모으기

본 활동은 학생들에게 브레인스토밍을 통해 글감을 모으는 방법을 알려 주기 위한 것입니다. 글의 실마리를 전혀 잡지 못하고 있을 때 머릿속에 떠다니는 모든 생각들을 쏟아내어 정리하게 합니다. 브레인스토밍은 어떠한 생각이나 의견도 거부하지 않고 모두 받아들이는 것으로서, 학생이 주저 없이 글감을 쏟아 부을 수 있도록 도와주어야 합니다. 브레인스토밍을 통해 글이 모이면 항목별로 정리하여 필요한 자료를 분류하고 모인 글감이 이야기로 발전할 수 있도록 합니다.

브레인스토밍을 한 후 글감을 비슷한 항목끼리 묶어 보세요.

'나의 꿈'이라는 소재로 글을 쓰려고 한다. 브레인스토밍을 통해 의견과 자료를 모아 비슷한 정보끼리 분류해 보자.

꿈이란 / 잠을 잘 때 꾸는 것 / 이루고 싶은 것 / 소망하는 것 / 지금 당장 하고 싶은 것 / 나는 1999년도에 태어났다 / 나의 성격 / 활달하다 / 잘 웃는다 / 잘 운다 / 꼼꼼하다 / 말을 잘한다 / 여러 가지 직업 / 의사, 선생님, 변호사, 검사, 목사, 간호사, 수위아저씨, 경찰, 소방관, 프로게이머, 시나리오 작가, 가수, 미용사, 영화감독, 배우 / 엄마가 원하는 것 / 내가 꿈꾸는 것 / 왜 엄마는 의사가 되라고 하는가 / 나를 위해서 / 돈을 많이 벌 수 있다 / 존경받을 수 있다 / 사람의 생명을 살릴 수 있다 / 나는 감독이 되고 싶다 / 나는 배우가 되고 싶다 / 꿈은 꼭 하나여야 하는가 / 감독이 되고 싶은 이유 / 많은 사람들에게 감동을 줄 수 있다 / 여러 배우들을 내 맘대로 할 수 있다 / 내가 생각한 스타일로 영화를 만들 수 있다 / 배우가 되고 싶은 이유는 무엇인가 / 인기를 얻을 수 있다 / 연기를 통해 다른 사람들의 삶을 경험할 수 있다 / 배우 송강호가 좋다 / 단번에 뜰 수 있다 / 스타가 되면 돈을 많이 번다 / 배우가 되려면 / 감정이 풍부해야 한다 / 감정이 풍부해지려면 어떻게 해야 하는가 / 책을 많이 읽는다 / 다른 사람의 입장에서 생각한다 / 자기 관리를 잘 해야 한다 / 예쁘고 멋져야 한다 / 예쁘고 멋지지 않은 배우는 없는가 / 개성 있는 배우도 있다 / 꿈을 왜 가지는가 / 꿈이 있으면 행복하다 / 왜? / 내가 하고 싶은 것을 할 수 있다 / 꿈을 이루면 성공할 수 있다 / 꿈을 이루면 성공할 수 있는가 / 성공이란 무엇인가 / 모두에게 인정받는 것이다 / 내가 만족하는 것이다 / 성공한 사람은 누구인가 / 빌 게이츠, 유재석, 안철수, 김연아, 빌 클린턴 / 그들은 왜 성공했다고 하는가 / 한 분야에서 최고다 / 목표가 있으면 미리 준비할 수 있다 / 꿈을 이루면 어떻게 될까

1 꿈이란 무엇인가?

답 이루고 싶은 것으로 지금 간절히 하고 싶은 것을 말한다.

2 나는 누구인가?

답 나는 1999년 2월 25일에 태어난 박선정이다. 나의 성격은 활달하고 잘 웃고 잘 울고 말을 잘한다.

3 이루고 싶은 꿈은 무엇인가?

답 엄마는 의사가 되길 바라지만 나는 감독 또는 배우가 되고 싶다.

4 엄마와 나는 왜 다른 꿈을 가지고 있나?

답 엄마는 내게 의사가 되라고 한다. 의사는 많은 돈을 벌 수 있으며 사람들에게 존경을 받을 수 있다고 한다. 하지만 나는 나만의 영화를 만들고 싶다. 다른 사람들에게 감동을 줄 수 있는 따듯한 영화를 만들고 싶다.

5 꿈을 위해 어떻게 해야 하는가?

답 풍부한 감정을 갖기 위해 책을 많이 읽고 항상 다른 사람의 입장에서 생각한다.

활동 11 신문 스크랩하기

본 활동은 평소 관심 있는 분야에 대해 신문이나 잡지를 스크랩하여 정보를 미리 수집해 두는 방법을 알려 주기 위한 것입니다. 스크랩을 할 때 기사를 분석하여 내용을 정리해 두면 좋겠지만 그냥 스크랩해 두는 것만으로도 쓰기에 도움이 되므로 학생이 부담 없이 즐겁게 활동할 수 있도록 지도합니다.

다음 양식에 맞추어 신문을 스크랩해 보세요.

신문 발행일: 2010. 00. 00.
분야: 여행

주제: 철쭉 핀 섬진강 품고 봄을 달린다.

기사의 줄거리: 기차를 타고 가는 섬진강의 철쭉 여행에 대한 멋과 즐거움을 소개했다.

기사를 읽고 생각한 점: 사진을 보고 섬진강과 철쭉이 잘 어울린다고 생각했다.

더 알아보기: 섬진강은 길이 212.3km, 유역 면적 4,896.5km^2로 전북 진안군과 장수군의 경계인 팔공산에서 발원하여 진안군 백운면과 마령면 등에 충적지를 만들고, 임실군 운암면에서 갈담저수지로 흘러든다.

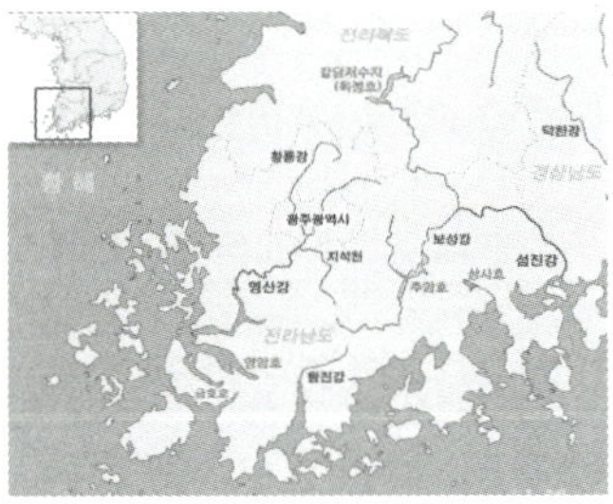

활동 12 마인드맵으로 글감 모으기

본 활동은 마인드맵으로 글감을 모으는 방법을 알려 주기 위한 것입니다. 글의 주제가 있거나 이야기하고 싶은 대상이 있을 때, 주어진 대상에 대해 연상되는 것들을 확장해 가면서 글감을 모으는 방법으로 글감이 모이면 자연스럽게 하나의 이야기를 만들 수 있게 됩니다. 학생의 생각이 다양하게 전개되어 많은 글감을 모을 수 있도록 지도합니다.

'봄'을 주제로 연상되는 단어를 이어 마인드맵을 그려서 글감을 찾아보세요.

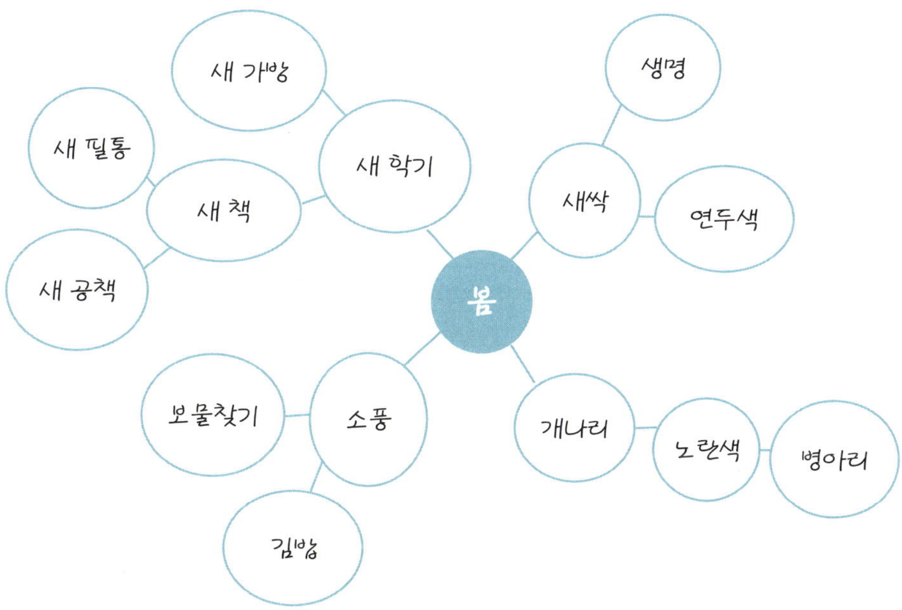

4 표현하기

좋은 아이디어를 가지고 있더라도 그것을 제대로 표현하지 못한다면 무용지물이다. 과거 전통사회는 절제와 겸손을 미덕으로 여겨 개인적인 감정을 표현하는 것에 서툴렀다. 하지만 현대 사회는 개인적 욕구가 상품이 되면서 누가 감정을 얼마나 더 잘 표현하는지에 따라 성공의 여부가 결정되기도 한다. 이제는 개인적 욕구를 가장 잘 해소해 줄 수 있는 상품이 인기를 얻고 그러한 광고가 성공을 거둔다.

지금까지 생각과 정보를 모아 글감을 찾고 주제를 정하는 훈련을 했다. 이렇게 모은 풍부한 이야깃거리는 전투에서의 총과 화살처럼 적을 향해 마음껏 공격할 수 있는 무기가 된다. 하지만 전투에서 승리하기 위해서는 뛰어난 무기만 가지고는 부족하다. 아무리 좋은 무기를 가지고 있다 하더라도 전술이 뛰어나지 못하면 패배할 수밖에 없다. 열악한 조건 속에서도 전쟁을 승리로 이끌게 하는 힘이 바로 전술이다. 글쓰기에서도 전쟁과 마찬가지로 뛰어난 전술이 있어야 한다.

글을 쓸 때 그저 풍부한 이야깃거리를 두서없이 쏟아낸다고 생각해 보자. 공연히 에너지만 낭비하고 원하는 성과는 얻지 못할 것이다. 적재적소에 병력을 배치하고 무기를 사용할 수 있도록 하는 전술, 글쓰기에서 전술은 글을 어떤 방식으로 구성할 것인지의 문제다. 모은 정보를 어떤 방법으로 배치하고 어떤 순서로 나열하느냐에 따라 글은 하나의 유기체로서 생명을 가질 수도 있으며, 그저 의미 없는 단어들의 조합에 그칠 수도 있다.

글은 각각의 이야기가 논리적인 흐름에 따라 전개되어 마치 톱니바퀴가 굴러가듯 서로 맞물려 나가야 한다. 글이 하나의 주제로 통일성 있게 물이 흐르듯 자연스럽게 이어져야 독자도 글의 의미를 되새기며 편안하게 읽을 수 있는 것이다.

표현하기를 잘 하려면 다음 사항을 고려해야 한다.

1) 글의 짜임을 결정한다

글의 짜임을 결정한다는 것은 글을 어떤 방식으로 전개할 것인지 방향을 설정하는 것으로서 목적지로 가는 방법을 말한다. 즉, 글을 구성하는 방법이라고 할 수 있다.

글의 짜임에는 글의 성질에 따라서 효과적으로 전달되는 방법이 있으나 무조건 지켜야 하는 틀이 있는 것은 아니다. 예를 들어 생활문, 논설문, 설명문은 처음, 중간, 끝으로 구성하는 것이 좋고, 전기문은 시간의 흐름에 따라, 동화는 발단, 전개, 절정, 결말로, 일기는 누가, 언제, 어디서, 무엇을, 어떻게 하였는지에 따라 작성하면 좋다.

목적에 따른 글의 짜임

종류	정의
생활문	우리가 생활하면서 보고, 듣고, 느끼고, 생각한 것을 글감으로 하여 쓴 글
	처음, 중간, 끝의 짜임으로 대화글이나 실제 예를 들면 좋다.
논설문	어떤 사실이나 문제에 대해 근거를 제시하며 자신의 생각이나 의견을 주장한 글
	서론, 본론, 결론의 짜임으로 자신의 생각이나 의견을 주장하고 근거를 든다.
설명문	어떤 대상이나 사실에 대해 알기 쉽게 풀어 쓴 글
	처음, 중간, 끝의 짜임으로 중심 문장과 이를 뒷받침하는 보조 문장으로 나누어 쓴다.
전기문	남다른 경험이나 업적, 뛰어난 인격을 갖춘 사람의 발자취를 사실적으로 기록한 글
	실존 인물에 대해, 그의 일생이나 특별한 일화를 모아 시간의 흐름에 따라 정리해서 쓴다.
독서 감상문	책을 읽고 난 후 느낌이나 생각을 적은 글
	일정한 형식은 없으므로 자신의 감상을 잘 나타낼 수 있는 방법으로 자유롭게 쓴다.
동화	어린이를 위하여 재미있게 꾸며낸 이야기
	발단, 전개, 절정, 결말의 짜임으로 사건이 전개되고 해결되는 '기승전결' 구도가 좋다.
시	마음속에 일어나는 느낌을 노래하듯이 나타낸 글
	행과 연으로 나누어 자신만의 독특한 생각과 느낌을 리듬감 있게 표현한다.
일기	하루 동안 일어났던 일을 쓴 글
	하루 중 가장 인상 깊었던 일을 '육하원칙'에 따라 쓰면 좋다.
편지	떨어져 있는 사람에게 소식을 전하는 글
	받을 사람 → 첫인사 → 할 말 → 끝인사 → 쓴 날짜 → 쓴 사람 순으로 쓴다.

2) 빗대어 표현한다

우리는 말을 할 때 종종 빗대어 표현한다. 단풍잎을 아기 손바닥에 빗대어 말하기도 하고, 내 마음을 호수로 빗대어 말하기도 한다. 또한 '햇살같이 웃다' '바람처럼 빠르다' '공기처럼 가볍다'와 같이 직접적으로 어떤 단어를 꾸미기도 한다. 빗대어 말하기는 어떤 대상을 곧 바로 말하지 않고 둘러서 말하는 것으로서 '비유'라고도 한다.

비유는 방법에 따라 여러 가지 표현법(수사법)으로 구분된다. 대상을 다른 사물에 직접 빗대어 표현하는 직유법과 비유의 형식을 취하지 않으면서 비유의 뜻을 나타내는 은유법, 어떤 사물을 대신하여 표현하는 대유법, 생명이 없는 것을 생명이 있는 것처럼 나타내는 활유법 등이 있다.

비유의 종류

종류	내용
직유법	비슷한 사물이나 인상을 직접 빗대어 나타낸다. 예) ~처럼, ~듯이, ~마냥 , ~같이
은유법	비유의 형식을 취하지 않으면서 비유의 뜻을 나타낸다. 'A는 B이다'의 형식으로 주로 시에서 많이 활용된다. 예) 내 마음은 호수요, 나는 어린 사슴
대유법	어떤 사물을 다른 사물로 대신해서 나타낸다. 예) 백의민족, 백의(白衣)의 천사, 요람에서 무덤까지
*활유법	생명이 없는 것을 생명이 있는 것처럼 나타낸다. 예) 울부짖는 성난 바다, 나를 에워싸는 산
*의인법	사람이 아닌 것을 사람에 비겨 사람이 행동하는 것처럼 표현한다. 예) 미소 짓는 채송화, 풀 아래 웃음 짓는 샘물, 봄의 율동

* 의인법과 활유법의 구분: 활유법을 의인법에 포함시키기도 하지만 활유법은 무생물을 생물인 것처럼 표현하는 것이고 의인법은 사람이 아닌 대상을 사람에 빗대어 비유한 것이다.

[비유와 상징의 차이]

상징은 비유와 비슷한 의미로 추상적인 개념을 구체화하는 것이다. 때로는 비유에 포함시키기도 하지만 비유가 원관념을 구체적으로 표현하기 위해 보조관념을 이용하는 것과 달리 상징에서는 추상적인 의미의 원관념은 드러내지 않고 기호적 성격의 보조 관념만을 제시한다.

상징은 오랜 세월 시간이 흐르면서 역사적으로 어떤 사건에 의해 단어에 특정 속성이 투영된 것이다. 예를 들어, '내 마음은 십자가요'에서 '십자가'는 상징적인 표현이다. '십자가'에는 예수의 죽음, 즉 희생이라는 역사적인 의미가 내포되어 있다. 이 외 평화를 상징하는 비둘기, 생명을 상징하는 태양, 죽음을 상징하는 물 등 여러 가지 상징적인 단어가 있다.

3) 비교나 대조를 한다

보통 구별이 어려운 두 사물을 설명할 때 주로 활용되는데, 대상의 유사점과 차이점을 정확하면서도 효과적으로 전달한다.

예

개와 늑대는 비슷하게 생겼지만 개는 집에서 키우는 동물이고, 늑대는 야생에서 사는 야생동물이다. 개는 사람 말을 잘 듣지만, 늑대는 전혀 듣지 않는다.

4) 용어나 개념을 설명해 준다

새로운 용어나 개념을 처음 사용하면 독자는 혼란스러울 수 있으므로 정확하게 설명해 주는 것이 좋다.

예

희망은 원하는 것이 이루어지기를 바라는 것을 말한다. 그래서 우리는 희망을 가지고 있으면 행복해진다.

5) 비판한 후 주장한다

글을 쓸 때는 먼저 사실이나 문제점에 대해서 비판을 한 후 자신의 주장을 나타내는 방식이 좋다. 비판한 후 주장을 하게 되면 독자 스스로 '아! 이런 원리구나.' 또는 '아! 이래서 고쳐야겠구나.'라는 생각이 들어 그만큼 설득력이 높아진다. 비판을 할 때는 근거가 되는 타당한 자료를 제시해야 설득력이 높다.

예

요즘 학생들은 친구 관계를 제대로 맺지 못하는 편이다. 그것은 핵가족 사회에서 형제자매 없이 성장했기 때문이다.

6) 의견을 낸 후 근거를 제시한다

의견을 내고 근거를 제시하면서 정보를 수집하는 활동이다. 여럿이 함께 할 수도 있지만 혼자 의견을 내고 근거를 찾아 고민할 수도 있다.

의견을 내고 근거를 제시하다 보면 의외로 더 좋은 글감을 찾기도 하고, 말하고자 하는 것이 무엇인지, 문제를 해결하기 위해 무엇이 필요한지 등 여러 가지 좋은 방안들을 스스로 찾게 된다.

의견이란 어떤 사실이나 대상에 대한 자신의 생각이나 느낌으로서, 의견을 말할 때는 항상 근거가 타당한지 먼저 생각해 보아야 한다. 주장은 의견과 비슷한 뜻으로 자신의 의견이나 주의를 굳게 내세우는 것, 또는 그런 의견이나 주의를 말한다.

만약 다른 사람과 함께 활동을 하게 된다면, 다른 사람의 의견을 끝까지 귀담아 듣고 자신의 의견을 말하도록 하고 다른 사람의 의견을 존중해 주도록 한다. 자신의 의견만 옳다고 고집하거나 다른 사람의 의견을 무시하지 않도록 해야 하며, 다른 사람의 의견을 비판할 때는 이유 없이 틀리다거나 나쁘다고 말하지 말고 가능한 바람직한 해결 방법을 제시하도록 한다.

[의견을 낼 때 주의할 점]

- 의견을 분명하게 표현한다.
- 의견에 대한 근거를 알기 쉽게 제시한다.
- 구체적이면서 의견을 뒷받침할 수 있는 이유를 든다.
- 단순한 느낌이나 추측이 아닌 진실을 바탕으로 한다.

7) 소주제를 배열한다

글은 여러 단락으로 이루어지기 때문에 단락마다 소주제를 하나씩 정해서 쓰는 것이 좋다. 어떤 대상을 분류하여 설명하거나 시간의 흐름에 따라 이야기를 이어갈 때 주로 사용하는 방식으로 소주제를 어떤 순서로 배열하는지에 따라 글은 점차 깊이 있어지고 흥미로워진다. 보통 글은 쉬운 소주제에서 조금 복잡한 소주제로 넘어가는 것이 좋다.

예

하루의 일과를 적는 경우
오전에는 등교 준비를 하였다. ……………………
점심에는 고등어 반찬을 먹고 친구들과 ……………………
저녁에는 학원에 가서 수학 공부를 하고 ……………………

8) 원인 분석을 통해 문제를 해결한다

현상에 대한 문제를 분석하고 해결하는 데 사용되는 방식으로 문제 해결을 목적으로 한다.

9) 예화를 통해 이야기한다

글쓴이가 자신의 의도를 직접적으로 드러내지 않고 예화를 통해 이야기하는 구성 방법이다. 이 방법은 글쓴이의 의도가 글에 직접적으로 나타나지 않기 때문에 여러 각도로 해석될 수 있다. 주장하고자 하는 바를 예화를 통해 전달함으로써 듣는 사람이 이야기 속의 주인공이 되어 생각해 볼 수 있게 하는데, 이야기 속 인물의 처지와 행동을 마치 자신의 일처럼 받아들여 옳고 그름을 스스로 판단하고 실제 자신의 잘못된 행동을 고칠 수 있다. 이러한 이유에서 저학년 학생을 대상으로 한 글은 대부분 예화의 형식을 취한다.

활동 13 빗대어 표현하기

본 활동은 고정되어 있는 사물을 다른 사물에 빗대어 표현하게 하는 것입니다. 학생들은 이 활동을 통해서 고정된 틀을 깨고 새로운 시각으로 사물을 볼 수 있게 됩니다. 가능한 한 자유롭게 접근할 수 있도록 친근한 사물에 빗대어 표현하도록 지도합니다. 정답은 없으며, 부담감을 갖지 않도록 학생들이 풀기 어려워하는 문제는 풀지 않아도 됨을 알려 줍니다.

다음 글을 읽고 답해 보세요.

1 자전거를 다른 사물에 빗대어 이야기해 보자.

1. 사물에 빗대어－자전거는 타조(이)다.

   왜냐하면 자전거는 타조처럼 날씬하기 때문이다.

2. 식물에 빗대어－자전거는 나팔꽃(이)다.

   왜냐하면 가는 줄기는 몸체 같고 꽃은 바퀴 같기 때문이다.

3. 먹는 것에 빗대어－자전거는 햄버거(이)다.

   왜냐하면 네발자전거의 바퀴는 햄버거가 여러 겹 겹쳐 있는 것 같다.

4. 입는 것에 빗대어－자전거는 엄마의 그물 스타킹(이)다.

   왜냐하면 가는 선들이 이어져 있는 것이 꼭 엄마의 그물 스타킹 같다.

5. 사람에 빗대어－자전거는 이봉주(이)다.

   왜냐하면 꾸준히 언제나 열심히 달린다.

2 노트북을 다른 사물에 빗대어 이야기해 보자.

1. 동물에 빗대어－노트북은 독수리(이)다.

   왜냐하면 노트북의 자판을 두드리면 독수리가 모이를 쪼는 모습이 떠오르기 때문이다.

2. 식물에 빗대어 – 노트북은 호박잎 (이)다.

왜냐하면 얇고 넓적한 것이 꼭 호박잎 같다.

3. 먹는 것에 빗대어 – 노트북은 고구마 (이)다.

왜냐하면 뿌리부터 줄기까지 모든 부분을 먹을 수 있기 때문이다.

4. 입는 것에 빗대어 – 노트북은 작업복 (이)다.

왜냐하면 아빠는 일하실 때 작업복처럼 항상 노트북과 함께 하신다.

5. 사람에 빗대어 – 노트북은 이승기 (이)다.

왜냐하면 운동도 잘하고 공부도 잘하고 연기도 잘하는 만능 재주꾼인 이승기와 같이 노트북으로 무엇이든 해결할 수 있기 때문이다.

3 냉장고를 다른 사물에 빗대어 이야기해 보자.

1. 동물에 빗대어 – 냉장고는 코끼리 (이)다.

왜냐하면 마치 코끼리처럼 덩치가 크다.

2. 식물에 빗대어 – 냉장고는 나무 (이)다.

왜냐하면 나무가 물을 저장해 두듯 냉장고는 음식을 저장한다.

3. 먹는 것에 빗대어 – 냉장고는 늙은 호박 (이)다.

왜냐하면 우리 집 냉장고는 늙은 호박의 속처럼 텅 비어 있다.

4. 입는 것에 빗대어 – 냉장고는 아빠의 겨울코트 (이)다.

왜냐하면 냉장고는 아빠의 겨울코트처럼 크고 무겁다.

5. 사람에 빗대어 – 냉장고는 강호동 (이)다.

왜냐하면 냉장고처럼 강호동은 음식을 가리지 않고 저장해 둔다.

활동 14 비유적으로 표현하기

본 활동은 학생들의 표현력을 높이기 위하여 사물을 또 다른 사물에 빗대어 비유적 표현을 사용해 글을 쓰도록 하는 것입니다. 비유적인 표현을 사용함으로써 고정된 사물을 다른 시각에서 볼 수 있게 도와주는데, 학생이 대상을 비유할 때 적당한 근거를 들게 합니다. 근거는 본인만의 느낌을 설명하면 되므로 조금 엉뚱한 발상이더라도 인정해 주도록 합니다. 정답은 없으며, 부담감을 갖지 않도록 학생들이 풀기 어려워하는 문제는 풀지 않아도 됨을 알려 줍니다. 답한 내용의 소재가 풍부하고 이야기의 흐름이 순조로우면 표현력이 높은 학생이라고 판단할 수 있습니다.

1 비유적 표현을 사용하여 글을 써 보자.

답 추운 겨울 아침, 밤새 내 체온으로 덥힌 이불 속은 마치 엄마 품처럼 따뜻했다.

2 왜 그렇게 생각하는지 적어 보자.

답 추운 겨울 아침 눈을 떴을 때, 이불 속에서 느꼈던 따뜻하고 포근한 느낌을 엄마 품에 비유하고 싶었다.

3 비유하고 싶은 두 대상의 차이점과 공통점에 대해 정리해 보자.

답

대상	차이점	공통점
이불 속	생명이 없는 사물의 일부다.	따뜻하고 포근하다.
엄마 품	생명체로 감정을 전달할 수 있다.	

활동 15 비교나 대조를 통해 이야기하기

본 활동을 통해 비교나 대조를 하면서 이야기하는 방법을 알려 줌으로써 구별이 어려운 비슷한 사물을 보다 잘 구별할 수 있도록 도와줍니다. 정답은 없으며 학생들이 답한 내용을 보고 문제를 정확하게 이해한 학생에게는 반드시 칭찬을 해 주도록 합니다.

다음 글을 읽고 물음에 답해 보세요.

나무타기의 명수들

숲이 우거진 곳에 가면 흔히 볼 수 있는 동물이 다람쥐입니다. 소리도 없이 어느 틈엔가 잽싸게 나무 위로 올라가서 조그만 앞니로 도토리를 깨무는 모습을 보면 여간 귀엽지 않습니다. 다람쥐는 주로 땅 위에서 생활하지만, 위험이 닥치거나 먹이를 찾을 때는 위로 올라가기도 합니다. 발에는 날카로운 발톱이 있어서 나무 위에서도 자유롭게 돌아다닐 수 있습니다. 크고 두툼한 꼬리를 펴서 균형을 잡고 속도를 줄이며, 높은 나뭇가지에서 낮은 나뭇가지로 뛰어내립니다.

청설모는 다람쥐와는 달리 주로 나무 위에서 생활하고, 가끔 땅에 내려옵니다. 청설모도 다람쥐처럼 나무를 잘 탑니다. 청설모는 민첩한 동작과 우아한 자태로, 나무를 마음대로 오르내리고 이 나무에서 저 나무로 건너뜁니다. 건너뛰는 거리는 1.5m 정도이며, 건너뛸 때는 꼬리를 수평으로 뻗어 균형을 잡습니다.

앙증맞은 생김새

작고 귀여운 다람쥐의 몸에는 5개의 줄무늬가 있습니다. 암수 다람쥐는 색깔과 모양이 같고, 몸길이는 약 15cm, 꼬리 길이는 약 10cm이며, 몸무게는 80~90g 정도밖에 되지 않습니다.

청설모의 등에는 부드럽고 짧은 담황색의 털이 나 있으며, 귀 끝에는 약 3cm의 털이 나 있습니다. 청설모의 몸길이는 약 25cm이고, 꼬리 길이는 약 21cm이며, 몸무게는 300g 정도입니다.

따뜻한 보금자리

다람쥐는 우리나라의 몇몇 섬을 빼고는 전국에서 삽니다. 주로 울창한 침엽수림에서 많이 살고 있으며, 활엽수림이나 바위가 많은 곳에도 삽니다. 특히, 계곡 부근의 숲에 가장 많이 삽니다. 쓰러진 나무들이 겹쳐 있어 숨기 쉽고, 물이 가까이 있기 때문입니다.

다람쥐는 쓰러진 나무 사이, 돌 밑, 썩은 나무 그루터기 밑을 파서 굴을 만듭니다. 이때 파낸 흙은 뺨주머니에 넣어 멀리 내다 버립니다. 자기가 사는 곳을 남에게 들키지 않도록 하기 위해서입니다. 다람쥐는 굴을 팔 때 잠을 자는 곳과 먹이를 저장하는 곳 등 여러 개의 방을 만듭니다.

청설모는 전국 곳곳에 살며, 특히 비교적 밝은 숲 지대를 좋아합니다. 보통 암수 두 마리가 같이 살며, 집에서 멀리 떠나지 않습니다. 그러나 가을철에는 겨울에 먹을 먹이를 구하러 멀리까지 다녀오기도 합니다.

청설모는 나무 구멍, 큰 나무 줄기 또는 마른 나뭇가지 사이에 집을 만듭니다. 대개 땅에서 10~15m 위에, 나무 꼭대기에서 3~4m 아래에 까치집 모양으로 집을 꾸밉니다. 또, 육식성 새나 다른 동물들의 눈에 잘 띄지 않도록 우거진 나무 사이에 집을 짓습니다. 집의 가장자리는 거칠고 엉성하지만 안은 부드러운 것으로 꾸며져 있습니다. 집 아래쪽에는 청설모가 드나드는 구멍이 뚫려 있습니다.

먹이 나르기

다람쥐와 청설모의 이빨은 끌처럼 날카롭고 튼튼해서 딱딱한 나무 열매나 씨를 까먹기에 알맞습니다. 그래서 도토리, 밤, 땅콩, 잣, 옥수수와 호박씨, 오이씨, 수박씨 등을 잘 먹습니다. 그리고 둘 다 초식성이지만, 때때로 곤충을 잡아먹기도 합니다.

다람쥐는 양쪽 뺨에 뺨주머니라는 것이 있습니다. 뺨주머니는 뺨에서 목에 이르는 사이에 있는데, 먹이를 집어넣으면 부풉니다. 다람쥐는 이 뺨주머니에 먹이를 넣어 나릅니다. 반면에, 청설모는 앞발로 먹이를 따서 입에 물고 나릅니다.

청설모는 커다란 잣송이를 어떻게 따서 먹을까요? 청설모는 잣나무에 올라가 잣송이를 따서 땅으로 떨어뜨립니다. 그러고는 나무에서 내려와 이빨로 잣송이를 갉아 낸 다음, 송이째 입에 물고 나무 위와 같은 안전한 장소로 가서 잣을 까먹습니다.

겨울나기

가을이 되면 다람쥐와 청설모는 무척 바빠집니다.

다람쥐는 겨울잠을 자려면 먹이를 많이 먹어 두어야 합니다. 한 번에 5~8g 정도의 먹이를 뺨주머니에 넣어 날라다가 먹이 창고에 저장합니다.

다람쥐는 겨울잠을 자기 전에 굴의 입구를 흙으로 막고, 굴의 중간을 마른 나뭇잎으로 꽉 채워 바람을 막습니다. 그런 다음, 굴의 안쪽을 나뭇잎으로 푹신하게 꾸며서 그곳에서 이듬해 봄까지 겨울잠을 잡니다. 때때로 배가 고프면 겨울잠에서 깨어나 먹이 창고에 저장해 둔 먹이를 먹기도 합니다.

한편, 청설모는 겨울잠을 자지 않습니다. 청설모는 가을에 부지런히 돌아다니며 땅에 떨어진 열매를 먹습니다. 겨울에는 먹이를 구하기 어려우므로 먹이가 많은 가을에 많이 먹어 영양분을 몸속에 저장해 두어야 하기 때문입니다. 청설모는 가을이 되면 추운 겨울을 나기 위하여 털갈이를 하고, 겨울에는 숲을 돌아다니며 나무 열매나 숨겨 놓은 먹이를 먹습니다.

그런데 청설모는 겨울을 대비해서 숨겨 놓은 먹이를 절반도 채 찾아 먹지 못하는 경우도 있습니다. 그러면 남은 먹이 가운데에서 싹이 터 자라는 것도 생깁니다. 이처럼 청설모는 식물을 숲 곳곳에 퍼뜨리는 일도 합니다.

1 글쓴이는 어떠한 방법으로 글을 전개하고 있는가?

답 비교와 대조를 통해 다람쥐와 청설모를 설명하고 있다.

2 글의 구성 방법 중 비교와 대조의 장점은 무엇인가?

답 구별이 어려운 대상을 비교하고 대조함으로써 대상의 차이점을 쉽게 알 수 있다.

활동 16 비판하거나 주장하기

본 활동을 통해 어떤 대상을 비판하고 주장하여 잘못된 점을 효과적으로 고칠 수 있는 방법을 지도해 줍니다. 비판을 할 때는 타당한 근거를 제시하도록 하고, 정답이 있는 것이 아니므로 자유롭게 작성하도록 합니다. 학생들이 답한 내용을 보고 문제를 정확하게 이해한 학생에게는 반드시 칭찬을 해 줍니다. 부담감을 갖지 않도록 학생들이 풀기 어려워하는 문제는 다시 한 번 개념을 정리해 줍니다.

다음 글을 읽고 물음에 답해 보세요.

현재 우리나라에는 적게는 200만 명, 많게는 400만 명의 왼손잡이들이 오른손잡이들과 함께 살아가고 있습니다. 전 세계적으로 왼손잡이의 비율은 10명 가운데 1명꼴로 나타납니다. 이 비율은 지난 5000년 동안 일정하게 유지되어 왔습니다.

오늘날 왼손잡이에 대하여 연구한 학자들 대부분은, 왼손잡이는 유전적인 요인에 의하여 결정되고 형성되며, 특히 뇌의 발달이나 구조와 밀접한 관계가 있다고 말하고 있습니다. 따라서 왼손잡이는 단지 그 수가 오른손잡이에 비하여 적을 뿐이지, 그 자체가 기이한 것은 아닙니다.

그럼에도 불구하고 인류의 역사에서 오랫동안 '왼손잡이'라는 말에는 부정적인 의미가 부여되어 왔습니다. 예를 들어, 일본에서는 결혼 뒤에 신부가 왼손잡이인 것을 알면 쫓아낼 수 있었으며, 중국에서는 왼손으로 명함을 주면 큰 실례로 여깁니다. 우리나라에서는 왼손으로 술잔을 절대 받지 않으며, 인도나 네팔에서는 오른손은 밥을 먹는 손으로, 왼손은 화장실에서 쓰는 손으로 정해 놓았습니다. 게다가 아직까지 컴퓨터 자판이나 마우스, 냉장고 문, 자동차 기어의 위치, 단추 방향 등 많은 부분들이 왼손잡이가 살기에는 불편하게 되어 있습니다. 이처럼 왼손잡이에 대한 관습화된 생각이나 표현은 왼손잡이를 억압하는 굴레로 작용하고 있습니다. 이러한 현상은 어느 시대, 어느 지역을 막론하고 보편적인 현상이었습니다. 특히, 우리나라는 오른쪽과 오른손잡이를 선호하는 문화가 더욱 강해서, 왼손잡이는 오른손잡이가 되도록 사회로부터 무언의 압력을 받아 왔습니다.

왼손잡이는 장애가 아닙니다. 오히려 왼손잡이에 대한 억압과 편견, 고정 관념이 장애입니다. 왼손잡이들은 자신들이 왼손잡이여서 생활하기 힘든 것은 아니라고 말합니다.

사람들이 "어, 왼손잡이네!" 하고 말하는 것이나, 이상한 눈으로 쳐다보는 것이 더 견디기 힘들다고 합니다. 그런 의미에서 이런 사회적 편견이 왼손잡이들에게 많은 해를 끼치고 있는 셈입니다. 따라서 이제부터라도 우리는 왼손잡이에 대한 편견이나 부정적 인식을 깨고 왼손잡이를 있는 그대로 인정하는 열린 마음을 가져야 합니다.

왼손잡이에 대한 편견과는 달리, 인류의 역사에는 위대한 업적을 남긴 왼손잡이들이 아주 많습니다. 피카소, 다빈치, 미켈란젤로, 라파엘로는 모두 왼손잡이였습니다. 처칠, 간디, 슈바이처 등도 왼손잡이였고, 뉴턴, 아인슈타인, 니체, 괴테, 베토벤 등도 왼손잡이였습니다. 고대로 거슬러 올라가면 람세스 2세, 알렉산더 대왕 등도 역시 왼손잡이였습니다. 마이크로소프트사를 창립한 빌 게이츠 역시 왼손잡이입니다.

21세기에는 창의력과 다양성, 독창성이 있어야 경쟁력이 있는 국가를 건설할 수 있습니다. 왼손잡이는 우뇌가 발달하여 창의적인 면에서 큰 잠재력을 가지고 있습니다. 그러므로 왼손잡이의 타고난 능력을 최대한 살려 주고 그 잠재력을 계발한다면, 개인의 삶의 질이 향상되고 국가도 발전할 수 있습니다.

이제는 왼손잡이가 왼손을 거리낌 없이 당당하게 사용할 수 있도록 교육적인 환경과 사회적인 분위기를 조성해야 할 것입니다. 그리하여 왼손잡이와 오른손잡이가 어우러져 사는, 아름답고 명랑한 열린사회를 만들어 나가야 할 것입니다.

1 글쓴이는 어떠한 방법으로 글을 전개하는가?

답 근거를 들어 문제점을 비판한 후 잘못된 점을 어떻게 고쳐야 하는지 해결 방안을 제시하였다.

2 글쓴이는 무엇을 말하고자 하는가?

답 왼손잡이에 대한 편견을 버리고 왼손잡이를 바르게 이해해야 한다고 주장한다.

3 글쓴이는 왼손잡이에 대한 잘못된 생각을 비판하기 위해 어떤 근거를 제시하고 있는가?

답 역사상 위대한 업적을 남긴 왼손잡이들이 아주 많다는 것을 소개하고, 왼손잡이는 우뇌가 발달하여 창의적인 면에서 큰 잠재력을 가지고 있다고 설명하였다.

활동 17 비판하고 주장하기

본 활동을 통해 문제를 비판한 후 주장하는 구성 방법을 알게 됩니다. 비판을 할 때는 독자가 공감할 수 있어야 하므로 근거 없는 비판이나 주장만을 내세우지 않도록 지도합니다.

다음 글을 읽고 물음에 답해 보세요.

쓰레기를 함부로 버리는 것은 잘못된 행동입니다. 누구나 함부로 버려져 있는 쓰레기를 보게 되면 인상을 찌푸리게 됩니다. 어제는 길을 가는데 중학생으로 보이는 오빠가 음료수를 먹고 캔을 함부로 버리는 것을 보았습니다. 그 오빠가 버린 캔은 공중을 날아 지나가는 사람의 머리에 떨어졌습니다. 당연히 캔에 남아 있던 음료수가 흘렀고 캔을 맞은 사람은 화를 냈습니다. 쓰레기를 버린 오빠는 많이 놀랐는지 도망가 버렸습니다. 쓰레기를 함부로 버리면 크든 작든 주변 사람들에게 피해를 주게 됩니다. 그리고 무엇보다 쓰레기는 주변을 더럽히고 환경을 오염시킵니다. 앞으로 절대 쓰레기를 함부로 버리는 일이 없었으면 좋겠습니다.

1 이 글에서 글쓴이는 무엇을 비판하는가?

답 쓰레기를 함부로 버리는 행동을 비판한다.

2 이 글에서 글쓴이는 문제점을 지적하기 위해 어떤 방법을 쓰고 있는가?

답 직접 겪었던 일을 이야기하면서 문제를 제기하고 있다.

활동 18 의견에 알맞은 근거 제시하기

본 활동을 통해 학생들이 의견을 내고 그에 맞는 타당한 근거를 제시해 보도록 합니다. 근거는 가능한 직접적이고 구체적으로 제시하게 하여 누구나 공감할 수 있게 해야 합니다. 정답이 있는 것이 아니므로 마음껏 의견을 제시하고 여러 이유들을 스스로 고민하고 찾을 수 있도록 지도합니다.

주장이나 의견을 말하고 그 근거를 제시해 보세요.

주장 책을 많이 읽자.

의견 책을 많이 읽어야 한다.

근거 1 책 속의 인물을 통해 다양한 경험을 할 수 있고 새로운 사실을 알게 된다.

근거 2 책을 읽음으로써 문장력을 키울 수 있다.

근거 3 사람들과 대화할 때 이야깃거리를 많이 제공할 수 있다.

주장 운동을 열심히 하자.

의견 운동을 꾸준히 해야 한다.

근거 1 운동을 하면 몸이 건강해진다.

근거 2 친구들과 같이 운동을 하면 사이가 좋아지고 협동심을 기를 수 있다.

근거 3 운동을 하고 나면 밥맛이 좋아져 음식을 골고루 잘 먹게 된다.

주장 몸을 깨끗하게 씻자.

의견 목욕을 자주 해야 한다.

근거 1 전염병을 예방할 수 있다.

근거 2 몸이 깨끗해야 친구들과 원만하게 지낼 수 있다.

근거 3 목욕을 하면 기분이 좋아진다.

활동 19 소주제로 이어 가기

본 활동을 통해 학생들은 작은 이야기들을 묶어 하나의 큰 이야기로 만드는 구성 방법을 알게 됩니다. 이야기들의 시간적 열거뿐만 아니라 설명문에서처럼 대상을 분류하여 각각 세부적으로 설명하는 방법이 있음을 알려 주고, 이처럼 복잡한 대상을 세분화하여 설명하면 쉽게 전달될 수 있다는 것을 지도합니다.

다음 글을 읽고 물음에 답해 보세요.

나는 개미에 대해서 알고 싶어서 책과 인터넷에서 자료를 찾아보았다. 자료를 통해 안 내용을 개미의 몸, 개미의 집, 개미의 생활로 나누어 정리하였다.

첫째, 개미의 몸은 크게 머리, 몸통, 다리 부분으로 나눌 수 있는데, 머리에 있는 눈은 아주 작은 수십 개의 눈이 합쳐져 있어서 큰 물체의 형태만 대충 알 수 있다.

둘째, 개미의 집은 그 목적에 따라 여러 개의 방으로 나뉜다. 예를 들면, 여왕개미의 방, 애벌레를 키우는 방, 알을 보관하는 방, 먹이를 저장해 두는 방 등이 있다.

셋째, 개미의 생활과 관련해 특이한 점은 분업 생활과 먹이다. 분업 중에서도 가장 신기한 것이 '번식 분업'이다. 여왕개미는 알을 낳는 일만 하고, 일개미들은 여왕을 도와 번식에 필요한 모든 일을 하며, 수개미들은 단 한 번의 짝짓기를 위해 평생을 준비한다. 이 세상에는 많은 종류의 개미들이 있고 종류에 따라 그들이 좋아하는 먹이도 제각각인데 그중에서 대부분의 개미가 좋아하는 것은 바로 달콤한 맛이 있는 것들이다. 예를 들면, 과자나 사탕, 조그만 곤충들의 몸을 구성하는 단백질, 식물의 씨앗 등이다.

이상에서 알아본 것처럼 개미의 생활과 관련해 특이한 것은 사람처럼 개미도 일을 나누어 한다는 것이고, 우리들의 집이 안방, 거실, 부엌 등으로 구분되어 있듯이 개미도 방을 여러 종류로 나누고 있다는 것이다.

1 이 글은 무엇에 대해 이야기하고 있는가?

답 개미에 대해서 개미의 몸, 개미의 집, 개미의 생활로 나누어 이야기하고 있다.

2 이야기하고 싶은 대상을 정한 후 이와 같은 방식으로 분류하여 설명해 보자.

답 저는 우리 조상들이 즐겨 연주하던 악기를 소리 내는 방법에 따라 분류하여 조사하였습니다.

먼저, 줄을 켜거나 타서 소리를 내는 악기에는 가야금, 거문고, 아쟁 등이 있습니다. 가야금이나 거문고는 사람의 손으로 연주하고 아쟁은 개나리 가지로 만든 활로 현을 켜서 연주한다는 것이 다릅니다.

둘째로, 입으로 불어서 공기를 진동시켜 소리를 내는 악기에는 태평소, 피리, 대금 등이 있습니다. 이들은 모두 나무로 된 관에 구멍을 뚫는데 구멍의 개수는 모두 다릅니다.

셋째로, 두드려서 소리를 내는 악기에는 박, 북, 장구 등이 있습니다. 이들 악기는 조상 대대로 때로는 흥겹게, 때로는 정겹게 우리 생활을 윤택하게 해 주었습니다.

활동 20 원인 분석을 통한 해결책 찾기

본 활동을 통해 현상을 파악한 후 원인을 분석하고 해결책을 찾는 연습을 함으로써 학생들은 현상을 정확히 파악하고 분석하여 문제를 해결할 수 있게 됩니다. 본 활동은 학생들에게 질문을 유도해 가며 지도하는 것이 효과적입니다.

다음 글을 읽고 물음에 답해 보세요.

우리나라의 자동차 보유 대수가 날로 증가하고 있다. 이에 따라 교통량이 증가하고 그래서 대도시의 공기 오염이 점점 더 심각해지고 있다. 자동차의 배기가스에 의한 대기 오염의 현황과 그 해결 방안에 대하여 살펴보고자 한다.

자동차 수가 많은 대도시에서는 대기오염이 날로 심각해지고 있다. 서울의 경우 멀리 떨어진 사물의 윤곽을 맨눈으로 식별할 수 있는 거리가 일본 대도시에 비해 매우 짧다. 그 이유는 날로 늘어가는 자동차와 공장의 배출가스로 인한 미세 먼지 때문이라고 한다.

또한 대도시의 오존오염도도 심해지고 있다. 서울시의 오존오염도는 1999년 0.016ppm에서 0.017ppm으로 높아졌다. 또한 부산도 1996년부터 증가하기 시작하여 1996년 0.012~0.025ppm, 1997년 0.015~0.026ppm, 1999년 0.018~0.027ppm, 2000년 0.018~0.029ppm으로 급증했다.

다음은 이에 대한 해결 방법을 살펴보고자 한다.

우선, 대중교통을 많이 이용해야 한다. 조금 불편하더라도 버스나 지하철을 이용한다면 그만큼 자동차 운행 횟수가 줄고, 배기가스가 유출되는 양도 줄어들 것이다. 그리고 배기가스를 내뿜지 않는 연료를 많이 개발해야 한다. 현재 세계적으로 천연가스나 수소 등을 이용한 자동차가 많이 개발되고 있으며 서울에서도 2009년 8월 현재 천연가스 버스 287대가 운행 중이라고 한다.

1 이 글에서 글쓴이가 제시한 문제점은 무엇인가?

답 대도시의 대기오염이 심각해지고 있다.

2 이 글에서 글쓴이는 문제점의 원인을 무엇이라고 보는가?

답 자동차에서 뿜어내는 배기가스와 심해지는 오존오염이 대도시 대기오염의 원인이라고 생각한다.

3 이 글에서 글쓴이는 문제점을 어떻게 해결하고자 하는가?

답 대중교통을 이용하고, 배기가스를 내뿜지 않는 연료를 개발하여 사용해야 한다고 주장한다.

활동 21 예화를 통해 주장하기

본 활동을 통해 예화를 들어 이야기하는 방법을 알려 주며, 예화 속에 글쓴이의 의도가 숨어 있음을 알도록 합니다. 정답은 없으며 학생들이 답한 내용을 보고 문제를 정확하게 이해한 학생은 반드시 칭찬을 해 주도록 합니다.

다음 글을 읽고 물음에 답해 보세요.

유난히 목이 길고 몸집이 커서 보기 싫게 생긴 오리가 태어났어요. 모두들 그의 못생긴 생김새를 놀리며 구박을 했어요. 새끼 오리는 자신의 모습이 창피해 매일 고개를 땅에 떨구고 다녔어요.

그러던 어느 날 새끼 오리가 하늘을 쳐다보았어요. 하늘에는 멋진 백조 떼가 어딘가로 날아가고 있었어요. 새끼 오리는 생각했어요.

'나도 저 새들처럼 멋지게 날 거야.'

새끼 오리는 다른 친구들의 비웃음과 조롱 속에서 매일 하늘을 나는 연습을 했어요. 많이 힘들고 외로웠지만 새끼 오리는 자신이 하늘을 날 수 있을 거라 믿었어요.

그렇게 하루가 지나고 이틀이 지나 일 년이 되었어요. 그러던 어느 날 새끼 오리는 일 년 전 그 백조 떼를 다시 보게 되었어요. 백조 떼를 본 새끼 오리는 간절한 마음을 담아 힘껏 날갯짓을 했어요.

그런데 이게 어찌된 일인가요.

새끼 오리의 날개가 바람을 가르고 하늘을 날고 있었어요. 누구보다 크고 화려한 날개를 단 새끼 오리는 그제야 자신이 오리가 아니라 백조라는 사실을 알게 되었어요.

1 이 글이 말하고자 하는 것은 무엇인가?

답 괴롭고 슬픈 시절을 꿋꿋하게 이겨내면 꿈은 이루어진다.
자신에게 남과 다른 모습이 있다면 그것이 왜 다른지, 어떻게 다른지 깊이 생각해 보고 자신의 특성과 소질을 찾는 노력을 해야 한다.

2 내가 새끼 오리라면 어떻게 했을까?

답 다른 오리들과 달리 몸집이 크고 못생겼다는 것을 알았다면 많이 속상하기는 했겠지만 나도 새끼오리처럼 내가 꿈꾸는 것을 위해 끊임없이 노력했을 것이다.

3 새끼 오리를 위해 한마디 한다면 무엇이라 말하겠는가?

답 너는 정말 멋진 친구야. 네가 설사 못생긴 새끼 오리라 할지라도 너는 정말 아름다워. 나도 너처럼 내가 꿈꾸는 것을 위해 열심히 살아가는 멋진 사람이 되고 싶어.

5 고쳐쓰기

고쳐쓰기는 지금까지 쓴 글을 다듬어 완성도를 높이는 과정을 말한다.

1) 규칙을 지킨다

글을 쓸 때 지정한 글자 모양, 글자 크기, 줄간격 등이 있다면 반드시 규칙을 지켜야 한다. 아무리 글이 논리정연하게 작성되어 있어도 정해진 규칙을 따르지 않으면 성의 없어 보일 수 있으므로 규칙은 최대한 지키면서 작성해야 한다.

2) 맞춤법, 문법 등은 정확하게 지킨다

맞춤법과 문법이 맞지 않으면 내용이 좋아도 좋은 점수를 얻기 어렵다. 또한 글을 작성할 때는 인터넷에서 사용하는 이모티콘은 쓰지 않는다.

3) 객관적이고 정확하게 작성한다

글을 쓸 때는 '~이다' '~한다' 등의 어투를 사용하여 객관적이고 정확한 느낌을 주어야 한다. '~인 것 같다' '~일지도 모른다' 등의 모호한 말이나 자신감 없는 표현은 사용하지 말아야 한다.

4) 글을 인용할 때는 출처를 밝힌다

짧은 문장을 그대로 인용할 때는 따옴표를 사용하고, 긴 문장을 인용할 때는 본문과 분리하여 별도의 문단으로 제시하는 것이 좋다. 또한 반드시 출처를 명확히 밝혀야 한다.

[고쳐 쓸 때 고려할 사항]

- 글 전체 수준: 제목의 적절성, 주제의 일관성, 글의 구성 등
- 문단 수준: 중심 생각, 문단의 길이 등

- 문장 수준: 문장의 뜻이 분명한지의 여부, 어법, 문장의 길이 등
- 단어 수준: 적절한 단어 사용, 띄어쓰기, 맞춤법 등
- 논리성: 단락이 논리적으로 연결되어 있는가?
- 통일성: 모든 단락이 한 가지 주제로 말하고 있는가?
- 정확성: 문장부호, 문법, 철자법 등은 올바른가?
- 객관성: 사실과 증거 등 객관적인 자료가 주장을 뒷받침하고 있는가?
- 구체성: 자료 및 내용 등이 구체적으로 제시되었는가?
- 적합성: 교사가 제시한 작성 방법, 분량 등에 맞는가?
- 명료성: 정확하고 구체적이며 명료한 용어를 사용하고 있는가?

제4장

용도에 따른 쓰기 전략 지도

<table>
<tr><th colspan="4">용도에 따른 쓰기 전략 지도</th></tr>
<tr><td colspan="2">세부 내용</td><td colspan="2">• 정보 전달을 위한 글쓰기
• 설득하는 글쓰기
• 정서 표현의 글쓰기
• 친교의 글쓰기</td></tr>
<tr><td colspan="2">목표</td><td colspan="2">• 정보 전달을 위한 글쓰기를 할 수 있다.
• 설득하는 글쓰기를 할 수 있다.
• 정서 표현의 글쓰기를 할 수 있다.
• 친교의 글쓰기를 할 수 있다.</td></tr>
<tr><th colspan="2">단계</th><th>교수 · 학습 활동</th><th>자료</th></tr>
<tr><td>1</td><td>도입단계</td><td>쓰기에 대해서 흥미를 가질 수 있는 이야기를 한다.</td><td></td></tr>
<tr><td>2</td><td>전개단계</td><td>• 정보 전달을 위한 글쓰기 방법을 알려 준다.
• 설득하는 글쓰기 방법을 알려 준다.
• 정서 표현의 글쓰기 방법을 알려 준다.
• 친교의 글쓰기 방법을 알려 준다.</td><td>활동 22, 23
활동 24
활동 25, 26
활동 27</td></tr>
<tr><td>3</td><td>정리단계</td><td>수업 소감 발표</td><td></td></tr>
</table>

쓰기의 궁극적인 목적은 쓰기 기능과 전략을 잘 활용하여 훌륭한 글쓰기를 하는 것에 있다. 이를 위해서 무엇보다 필요한 것은 적절한 쓰기 과제를 제시해 주는 것이다. 쓰기 과제는 글을 쓰게 하기 위해서 구체적으로 부과되는 문제를 말하며, 학생의 인지적, 정의적 성장을 돕는 다양한 방법으로 구체적인 글을 쓰게 하는 훈련은 쓰기의 경험을 제공하고, 글쓰기 능력을 향상시킨다. 여기서 쓰기 과제는 '정보를 전달하는 글쓰기' '설득하는 글쓰기' '정서 표현의 글쓰기' '친교의 글쓰기'로 구분된다.

1 정보 전달을 위한 글쓰기

정보 전달을 위한 글쓰기는 상품 설명, 기사 등이 있는데, 독자에게 사물이나 현상에 대한 정보를 알려 주거나 어떤 문제에 관하여 독자의 의문이나 궁금증을 풀어 주고자 할 때 필요하다. 정보 전달을 위한 글은 그 목적이 분명하고 객관적이어야 한다. 글쓴이의 개인적인 생각이 들어간 지식과 정보는 독자에게 어떤 판단을 요구하게 하므로 본연의 목적에 위배될 수 있고 내용이 분명하지 않은 글은 오히려 독자를 혼란스럽게 만든다.

가령 버스 노선을 알려 주는 글이라면 버스의 출발지부터 마지막 정류장까지 순서대로 알려 주어야 한다. 만약 중간을 빼놓고 설명하거나 정거장이 마구 뒤섞여 있다면 올바른 정보 전달의 글이 될 수 없다.

1) 설명문 쓰기

설명문은 어떤 대상의 특성이나 사실, 지식, 정보 등을 체계적으로 독자들에게 전달하기 위하여 쓰는 글을 말한다. 만약 동물에 대해서 설명해야 한다면 우선 인터넷, 잡지, 책, 사전 등을 이용하여 동물에 대한 자료를 수집하고 그 자료를 바탕으로 설명문의 양식에 맞게 다음과 같이 구성해야 한다.

예

제목: 동물이란 무엇인가?
머리글: 글의 목적과 동기
본문:
1. 동물의 개념
2. 동물의 변화
3. 동물의 종류
맺음말: 요약 및 마무리

양식에 맞게 자료들을 배열하여 본문을 완성하고 맺음말에 요약 및 마무리를 하면서 정리한다. 일단 글을 모두 쓰고 난 후에는 다시 한 번 읽어 보면서 불필요한 내용이 없는지, 설명하고자 하는 내용이 빠지지는 않았는지, 문장의 연결관계를 검토해 본다.

[효과적인 설명문 쓰기]

- 정보가 쉽고 정확히 전달될 수 있도록 언어 사용을 명확히 해야 한다.
- 사전적인 의미를 주로 사용하여 언어를 사용한다.
- 객관적인 입장을 유지하며 요약한다.

2) 관찰 기록지 쓰기

관찰 기록지는 어떤 사물이 변화하는 모습을 관찰한 후 그것을 기록하는 것으로서, 관찰 대상의 변화를 직접 경험하게 함으로써 상상력과 표현력을 키울 수 있다. 그리고 오랜 시간 끈기 있게 사물을 관찰하고 기록하기 때문에 집중력과 인내심, 관찰력과 분석력을 함께 키울 수 있다.

관찰 기록지는 관찰하는 횟수와 관찰 대상의 개체 수에 따라 양식이 달라진다. 먼저 대상을 한 번 보고 기록하는 것은 육하원칙에 따라 누가, 언제, 어디서, 무엇을, 왜, 어떻게 라는 형식으로 작성하고, 일정 기간을 두고 관찰하는 관찰지는 일기 형식으로 작성한다. 그리고 일정한 범위 안에 있는 여러 개의 식물을 관찰할 경우에는 각 식물별로 관찰문의 서식을 만들어야 한다.

관찰 기록문을 잘 쓰는 방법이 소개된 『오빠 얼굴에 난 여드름』(김영진, 청솔)의 내용에 따르면, 관찰 기록문이란 관찰한 사실을 바탕으로 자신의 생각을 함께 쓰는 것으로서 관찰 기록문을 잘 쓰려면 무엇을 왜 관찰하는지에 대한 목적이 뚜렷해야 하며, 관찰자는 관찰 대상에 대해 인내심을 가지고 꼼꼼하게 관찰해야 한다.

관찰 기록문을 잘 쓰는 열 가지 방법은 다음과 같다.

① 관찰하기 쉬운 대상을 정한다. 저학년은 짧은 기간에 변화를 볼 수 있는 것을 관찰 대상으로 정하고 고학년으로 올라갈수록 관찰 기간이 긴 것을 관찰 대상으로 정한다.

② 어떤 차례로 관찰할 것인가를 결정한 뒤 관찰한다. 예를 들어, 잎, 줄기, 뿌리, 꽃의 차례로 관찰하거나 모양, 크기, 색깔로 구분하여 관찰하면 보다 체계적이면서도 즐겁게 대상을 관찰할 수 있다.

③ 관찰 기록은 정해진 시간에 한다.

④ 관찰 기록은 일정한 날을 정해 꾸준하게 쓴다.

⑤ 거짓 없이 진실하게 써야 한다.

⑥ 모르는 것이 있으면 백과사전이나 인터넷 등에서 자료를 찾는다.

⑦ 관찰 기록문으로 유명한 파브르의 『곤충기』나 시튼의 『동물기』를 읽어 본다.

⑧ 항상 메모하는 습관을 가지고 그때그때 관찰한 내용이나 궁금한 점 등을 적어 둔다.

⑨ 누가 보아도 자신이 직접 관찰한 것처럼 알 수 있도록 정확하게 쓴다. 크기를 관찰할 때는 '크다' 또는 '작다' 등 어림짐작하여 적지 말고 직접 측정하여 수치를 정확하게 기록한다. 그림이나 사진도 남기면 훨씬 좋은 자료가 된다.

⑩ 관찰은 눈, 코, 입, 귀, 피부를 사용해 있는 그대로를 관찰한다. 눈으로는 모양, 코로는 냄새, 입으로는 맛, 귀로는 어떤 소리가 나는지 알아본다.

활동 22 태극기 설명하기

본 활동은 다른 나라 친구에게 태극기를 소개하는 글을 써 보면서 자신이 가지고 있는 지식을 다른 사람에게 효과적으로 전달하는 방법을 배우도록 하는 것입니다. 활동 시 학생이 모르는 정보는 스스로 찾아볼 수 있도록 지도합니다.

다른 나라 친구에게 태극기를 소개하는 편지를 써 보세요.

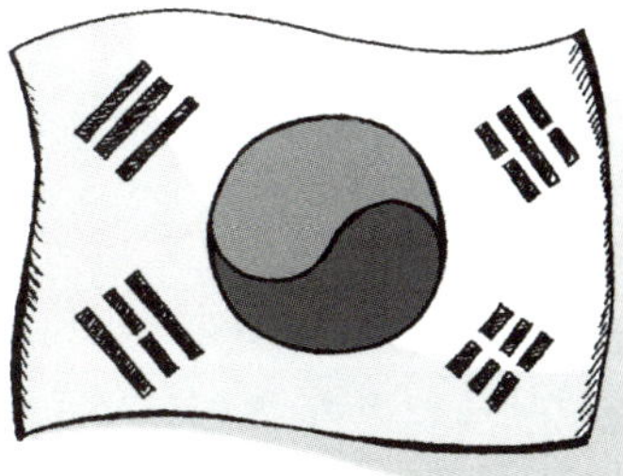

빌리에게

빌리, 안녕?
얼마 전 네가 보내 준 편지를 읽고 내가 우리나라의 국기에 대해 모르는 것이 많다는 것을 알았어. 그래서 며칠간 우리나라 국기인 태극기에 대해 공부를 했어.
오늘은 네게 태극기를 소개해 주려고 해.
태극기의 모양을 전체적으로 보면, 흰색 바탕의 한가운데에 태극 문양이 있어. 그리고 건, 곤, 감, 리라고 하는 사괘가 태극 문양을 감싸고 있어. 원이 나타나는 태극은 만물을 생성시키는 근원을 의미하는 거야.
태극 문양은 양의 기운을 나타내는 빨간색과 음의 기운을 나타내는 파란색으로 이루어져 있어. 이는 우주 만물이 양의 기운과 음의 기운을 바탕으로 조화롭게 만들어지고 발전한다는 자연의 이치를 나타낸 것이라고 해.
사괘는 검은색으로 막대 모양이고, 왼쪽 위에 있는 건은 정의를 의미하며 하늘을, 오른쪽 아래에 있는 곤은 풍요를 의미하며 땅을, 오른쪽 위에 있는 감은 지혜를 의미하며 달을, 왼쪽 아래에 있는 리는 생명력을 의미하며 해를 가리키는 거야.
빌리! 너 때문에 나는 태극기에 대해 많은 것을 알게 되었어. 정말 고마워.

2010년 8월 7일
선정이가

활동 23 관찰 기록지 만들기

본 활동은 특정 대상을 일정 기간 관찰한 후 기록하는 것입니다. 관찰 대상은 저학년일수록 짧은 기간에 변화가 뚜렷한 것으로 선정하도록 합니다.

관찰 대상을 정하여 관찰 기록지를 작성해 보세요.

관찰 대상: 강낭콩
실험 목표: 햇빛이 강낭콩의 성장에 미치는 영향
관찰 주기: 일주일, 2010. 08. 06 ~ 2010. 08. 12

2010년 08월 10일, 관찰 5일차, 날씨: 흐림, 기온: 27℃, 습도: 60%

〈실험 계획〉
1. 예상하기
- 햇빛을 받은 쪽이 더 잘 자랄 것이다.
- 햇빛을 받지 못한 쪽은 잘 자라지 못하거나 죽을 것이다.

2. 준비물 – 어느 정도 자란 강낭콩 화분 2개

〈실험 방법〉
1. 잎이 6~7장 정도로 자란 강낭콩 화분 2개를 준비한다.
2. 한 화분은 햇빛이 잘 드는 곳에 두고, 또 다른 화분은 그늘에 둔다.
3. 식물의 변화를 비교하여 관찰한다.

〈실험 조건〉
- 동일하게 해야 할 조건 – 물을 주는 양과 시기, 화분 안의 흙, 화분의 크기
- 다르게 해야 할 조건 – 햇빛의 양(화분을 두는 장소)

<table>
<tr><td></td><td></td></tr>
<tr><td>창가에 둔 강낭콩</td><td>그늘에 둔 강낭콩</td></tr>
<tr><td>햇빛을 받은 강낭콩의 잎과 줄기는 진한 녹색이고 잎은 두꺼우며 줄기도 굵게 자라서 전체적인 모습이 건강해 보인다.</td><td>햇빛을 받지 못한 강낭콩의 잎과 줄기는 연한 녹색이고 잎이 작으며 줄기는 가늘고 길어서 전체적인 모습이 연약해 보인다.</td></tr>
<tr><td colspan="2">〈실험 결과〉
• 햇빛을 받은 강낭콩 – 잎이 크고 두꺼우며, 진한 녹색이고 줄기가 굵고 짧다.
• 햇빛을 받지 못한 강낭콩 – 잎이 작고 얇으며, 연한 녹색이고 줄기가 가늘고 길다.</td></tr>
<tr><td colspan="2">〈정리〉
식물이 잘 자라기 위해서는 햇빛이 필요하다.</td></tr>
</table>

2 설득하는 글쓰기

설득이란 말이나 글로 다른 사람의 생각이나 행동에 영향을 끼치고자 하는 것으로서, 어떤 사실이나 정보를 독자에게 확신시키거나 설득시키기 위한 글이다. 따라서 글쓴이의 생각이나 주장이 뚜렷해야 한다. 사실적인 글을 잘 쓰더라도 설득하는 글을 쓰는 데에는 어려워하는 경우가 많은데 설득하는 글은 단순한 사실을 나열하는 것이 아니라 깊은 사고작용이 필요하기 때문이다.

우선 한 가지 문제를 정하고, 이에 따라 상대방을 설득할 수 있는 자료를 모아 어떻게 설득할 것인가를 정하고 내용을 조직해야 한다. 따라서 설득하는 글은 독자와 어떻게 의사를 소통할 것인가와 문제를 해결할 수 있는 방법을 찾는 것이 중요하다.

설득하는 글에는 표어, 발표문, 웅변 원고, 반성문 등이 있으며, 설득하는 글의 목적에 따라 세 가지 방법이 있다. 첫째, 독자가 글쓴이의 생각에 반대하는 경우에는 글쓴이의 생각을 인정하도록 글을 써야 한다. 둘째, 독자가 글쓴이의 생각과 같은 경우에는 더욱 확신을 가질 수 있도록 글을 써야 한다. 셋째, 독자가 생각하는 바를 구체적인 행동으로 옮길 수 있도록 글을 써야 한다.

설득하는 글쓰기의 가장 기본이 되는 것은 논설문으로서 주장하는 글의 형식은 여러 가지가 있지만 초등학생들이 쓰는 방법은 서론, 본론, 결론의 3단 구성을 가장 많이 사용한다.

1) 서론

서론은 문제를 제기하고, 글을 쓰는 동기와 본문에서 다룰 문제를 소개한다. 서론을 시작하는 방법은 다음과 같다.

① 결과로 시작

결과로부터 시작하여 독자의 흥미를 이끈다.

예

오늘날은 급변하는 사회다. 그렇게 된 까닭은 무엇인가? 그것은 정보통신의 발달 때문이다.

② 주제로 시작

주제로부터 시작하여 독자가 핵심 주제가 무엇인지를 알게 한다.

예

우리는 신용 정신을 길러야 한다. 신용 정신은 서로를 믿게 하는 밑거름이기 때문이다.

③ 예를 들어 시작

독자의 흥미를 일으키기 위하여 자신이 경험한 일이나 사실을 자연스럽게 주제에 적용한다.

예

숙제를 미루다 결국 잊어버리고 하지 않아 선생님께 혼이 났다.

④ 뜻 풀이로 시작

개념 설명이나 새로운 용어 풀이를 먼저 한다.

예

충격이란 무엇을 보고 놀란 것을 말한다. 우리는 새로운 것을 보면 충격을 받게 된다.

⑤ 인용으로 시작

유명한 사람의 말이나 격언, 속담 등을 인용한다.

예

'백문(百聞)이 불여일견(不如一見)'이라는 말이 있다. 백 번 듣는 것보다 한 번 보는 것이 낫다는 말이다.

2) 본론

본론은 주장하려는 내용을 적는 것으로서 근거에 따라 문단으로 나누어 쓴다. 문장에서 큰 주장과 작은 주장이 논리적으로 연결되어야 글의 설득력이 높아진다.

3) 결론

결론은 마지막 단계로서 전체를 마무리하는 내용이다. 결론을 쓸 때는 본론에서 구체적으로 펼친 주장을 간략하게 간추려서 다시 한 번 강조하는데, 문장이 간결하고 인상적이어야 기억에 남는다. 길고 복잡한 문장은 설득력이 떨어지므로 주의해야 한다.

[효과적으로 설득하는 글쓰기]

- 설득을 하기 위해서는 지적으로도 풍부한 내용을 알아야 하며, 믿을 만한 내용이어야 한다.
- 정보는 정확하고 확실해야 한다.
- 거짓을 말하거나 사실을 감추어서는 안 된다.
- 독자의 입장을 이해하고 고려하는 투로 써야 한다.
- 구체적이고 명확한 용어를 써야 한다.
- 강요하지 말고 스스로 생각하여 결정하도록 써야 한다.

활동 24 설득하는 글쓰기

본 활동은 현상을 파악한 후 원인을 분석하고 해결책을 찾는 글을 작성하도록 하는 것입니다. 이 활동을 통해 글쓰기의 기본이 되는 원인을 찾아 근거를 제시하는 방법을 배울 수 있을 것입니다. 학생이 글쓰기를 하는 데 어려움을 느낄 때는 지금까지 배운 것들을 충분히 활용할 수 있도록 지도해 줍니다.

환경오염에 대해 원인을 분석하여 문제를 해결하는 과정으로 글을 작성해 보세요.

1 환경오염의 종류는?

답 대기오염, 수질오염, 소음공해, 토양오염이 있다.

2 환경오염의 원인은?

답 대기오염은 음식물 쓰레기, 공장의 매연, 자동차의 매연 때문에 발생하고, 수질오염은 샴푸나 린스, 공장의 폐수, 쓰레기 등이 원인이 된다. 소음공해는 대체로 도시에서 많이 발생하는데, 자동차의 소음이나 공사장 소음 등이 그 이유다. 토양오염은 농약이나 화학비료를 사용하거나 쓰레기를 함부로 버리는 데 원인이 있다.

3 환경오염으로 파괴된 현실의 예는?

답 지구의 오존층이 파괴되면서 자외선으로 인한 피부병이 발생하고, 여러 동식물이 멸종 위기에 처했다.

4 환경오염의 대책은?

답 음식물 쓰레기는 분류하여 버리고 가까운 거리는 자동차를 이용하지 말고 걸어다니는 습관을 들인다. 또 샴푸나 린스의 사용을 줄이고 농사를 지을 때는 가능한 한 퇴비를 사용한다.

3 정서 표현의 글쓰기

정서 표현의 글쓰기는 시, 수필, 감상문과 같이 언어의 독특한 사용으로 독자에게 심미적 정서를 불러일으키거나 즐거움을 느끼게 하는 글이다. 정서란 사람의 마음에 일어나는 갖가지 감정, 또는 그런 감정을 유발하는 주위의 분위기나 기분, 또는 희로애락과 같이 본능적 · 충동적으로 외부에 표출되기 쉬운 감정을 말한다. 따라서 정서 표현의 글은 자신이 사물이나 현상에 대해서 느낀 인상이나 감동, 의견 등의 감정을 기록하는 글이다.

정서 표현의 글을 잘 쓰려면 체험을 사실적으로 전달해야 하며, 그에 대한 느낌이나 감정을 솔직히 담아 전달해야 한다.

1) 시 쓰기

시는 생활 속에서 보고 듣고 느끼고 생각한 것을 노래하듯이 짧게 음악적으로 표현하는 것이다. 시를 잘 쓰기 위해서는 먼저 글감을 잘 선택하는 것이 중요한데, 글감은 가까운 데서 찾아 쓰는 것이 좋다. 또한 시를 쓸 때는 생각과 느낌이 드러나게 해야 한다.

설명은 피하고 꼭 필요한 낱말을 골라서 행을 구분하여 리듬감 있게 표현하며, 생명과 형체를 불어넣어 살아 있게 쓰는 것이 중요하다. 독자가 그림을 보듯이 상상할 수 있으면 좋다. 시를 쓸 때 글감을 정하는 방법은 다음과 같다.

① 생활시

주변 인물, 동 · 식물, 식품, 과일, 일상 생활용품 등 생활 속에서 우리와 아주 관계 깊은 것들 중에서 글감을 찾도록 한다.

예

학교, 친구, 강아지, 김밥, 사과, 연필

② 자연시

자연의 모습과 변화에서 글감을 찾도록 한다.

예

가을, 낙엽, 새싹, 봄, 강, 비

③ 추상시

우리 눈에 보이지 않는 생각이나 의미, 추구하는 바 중에서 글감을 찾도록 한다.

예

애정, 행복, 우정

2) 감상문 쓰기

독후감은 글을 읽고 그 책을 통해 느낀 인상이나 감동, 의견 등을 기록하는 글이다. 독후감에는 무엇을 느꼈고, 어떠한 감동을 경험했는지, 어떠한 의문이 생겼는지, 나만의 견해는 어떤 것인지를 표현할 수 있다. 독후감은 감성을 풍부히 하고, 사물을 주의 깊게 살펴보는 습관을 갖게 하며, 자신만의 표현력을 높이는 효과가 있다.

① 감상문을 쓰는 형식

- 독후감의 제목은 읽은 책 제목이 아닌 다른 재미난 제목으로 붙일 수도 있다.
- 책을 읽게 된 동기와 읽고 난 다음 무엇을 배웠는지를 쓴다.
- 이야기의 줄거리와 느낌을 골고루 섞어서 쓴다.
- 작품의 전체 내용을 고루 담아 쓴다.
- 가장 크게 받은 느낌이나 감동을 강조해서 쓴다.
- 자신의 경험과 생활을 책 내용과 견주어 가면서 쓴다.
- 자신의 기준과 판단을 동원하여 비판적 시각으로 쓴다.
- 독후감만 읽어도 책의 내용을 대강 짐작할 수 있도록 쓴다.

② 글의 종류에 따른 감상문 쓰는 법

- 전기 인물전
  - –주인공의 성격이나 행동의 특성
  - –시대적 배경
  - –성장 과정에서 겪은 역경 난관의 극복
  - –나의 생활과 비교
  - –업적에 대한 일화
  - –존경하는 이유
  - –우리에게 주는 교훈
  - –본받을 점, 혹은 비판

- 동화
  - –등장인물의 성격과 행동
  - –감동받은 부분
  - –기쁜 일, 슬픈 일, 안타까운 일
  - –다른 인물과의 관계와 사건의 전개
  - –주제를 살펴보고 옳고 그름을 비판
  - –나의 생활과 비교

- 과학책
  - –새롭게 알게 된 사실이나 깨닫게 된 점
  - –주인공의 숨은 노력이나 탐구 정신
  - –책의 내용이 우리에게 미치는 영향, 우리 생활과의 연관성

- 시
  - –시의 배경이나 주제와 관련된 재미있는 표현
  - –감동적인 내용
  - –나의 생활과 비교하여 느낀 점

③ 감상문을 쓰는 순서

• 시작 부분

−책을 읽게 된 동기를 밝힌다.

−주인공에 대한 간단한 소개를 한다.

−책을 처음 대했을 때의 느낌을 적는다.

−책에 대한 소개를 한다.

−책을 다 읽고 나서의 소감을 적는다.

−지은이에 대한 소개를 한다.

−감동받은 내용을 소개한다.

• 가운데 부분

−느낌을 써 나가면서 중간에 줄거리와 생각을 쓴다.

−가장 감동 깊었거나 기억에 남는 내용 몇 가지를 골라 쓴다.

−이야기가 담고 있는 주제를 중심으로 자신의 의견이나 생각을 쓴다.

• 마지막 부분

−앞에서 쓴 내용과 관련지어 책을 통해 배운 점이나 느낀 점을 쓴다.

−나의 다짐 등으로 자연스럽게 끝맺음을 한다.

활동 25 시 쓰기

본 활동은 학생들의 쓰기 능력을 높이기 위한 것입니다. 소재를 정해 자유롭게 시를 써 보도록 지도합니다.

다음 소재에 맞게 자유롭게 시를 써 보세요.

공부

공부는 내 인생의 행복
공부는 즐거움
공부는 행복
공부는 더 없이 기쁨을 주는 것
공부는 매일해도 좋은 것
공부는 인생을 바꾸어 주는 것
공부는 갈수록 깊어지는 것
그래서 나는 공부가 좋다.

활동 26 감상문 쓰기

본 활동은 학생들의 쓰기 능력을 높이기 위한 것입니다. 글을 읽고 감상문을 써 보도록 지도합니다.

다음 글을 읽고 질문에 따라 감상문을 써 보세요.

여수 가서 돈 자랑하지 마라

나는 여행을 좋아한다. 모처럼 여수에 갔는데 여수에 대해서 많은 것을 알게 되었다. 그중에서 "여수 가서 돈 자랑하지 마라."라는 옛말이 있다. 누구의 입에서 비롯되었는지 모르지만 이 이야기는 수십 년 동안 여수에서 돌고 돌았다. 어업이 잘 될 때 일이다. 어떤 이는 그 말을 희망의 메시지로 품고 여수행 기차에 몸을 실었고, 부두를 서성이다 먼 바다로 떠났을 것이다.

남해안은 자타가 공인하는 최고의 황금어장이었다. 그 어장터에 가장 가까운 여수항으로 안강망, 쌍끌이, 트롤, 기선선인망 등 온갖 고깃배들이 몰려드는 것은 당연했다. 상인들 또한 북새통을 이루니 고기값은 연일 상종가를 쳤을 것이다. 근해에서 고기를 잡던 어선은 물론 멀리 원양 어선들까지 잡아온 생선과 함께 목돈을 손에 쥔 선원들을 풀어냈다. 여수에 있는 모든 여관, 술집, 밥집, 어구점, 금융업, 중매업, 창고업, 제빙공장, 조선소, 가공공장, 배달업, 소매 · 도매업 등 어업과 직접 또는 간접적으로 연관이 있는 산업이 덩달아 성황이었다. 내륙에 사는 전라도 사람들은 여수의 호경기로 인해 하루 날품이라도 팔려고 북새통을 이루기도 하였다. 더욱이 무려 15차례나 매립을 통해 시가지가 만들어진 여수는 끊임없이 인부들을 공사장으로 불러들였다. 이렇듯 여수에는 사람이 몰려들고 돈과 물자가 풍부하였으니 "여수 가서 돈 자랑하지 마라."라는 말이 회자되었을 법하다.

여수에서는 고기가 곧 돈이었고, 배만 타면 한몫을 잡을 수 있다는 기대는 적어도 1980년대까지 지속되었다. 여수는 물론 인근 순천과 광양 지역 전봇대에 선원모집 광고가 덕지덕지 붙었다. 정부가 1970년대 말 세계은행 차관을 끌어다가 국동어항단지를 조성하기도 했을 만큼 수산업은 여수의 경제를 돌리는 힘이었다. 그래서 1980년대의 여수는 전라도 사람들이 꿈에 그리던 낙원과 같은 곳이었다.

1 읽게 된 동기

답 학교의 과제였다.

2 저자에 대한 소개

답 여행을 좋아하는 사람

3 느낀 점

답 여수에 대해서 새로운 사실을 알게 되었다.

4 나의 다짐

답 나는 여수를 가보지 않았지만 이 글을 읽고 나서 한번 가 보고 싶다는 생각이 들었다.

5 배운 점

답 여수가 옛날에는 아주 부유했고, 물자도 풍부한 고장이었다는 사실을 알게 되었다.

6 아쉬운 점

답 아쉬운 것은 지금 현재는 어떻게 변했는지에 대한 내용이 부족하다는 점이다.

4 친교의 글쓰기

친교의 글쓰기는 안부를 묻거나 의견을 교환하거나 협조를 구하는 일 등 사적인 성격이 강한 글이다. 주로 자기 표현을 위한 편지, 소개장, 메모, 쪽지와 같이 내적인 표현 의지를 나타내는데, 친교의 글쓰기를 할 때 주의할 점은 아무리 사적인 경우라도 예의를 지키고 마음을 진솔하게 표현해야 한다는 것이다.

1) 편지

특정한 대상에게 보내는 글로 대개 일정한 형식에 맞추어 쓴다. 실용적이며 사교성이 강하고 문어체의 격식에 맞춘다. 한쪽의 의견만이 일방적으로 전달되는 특징이 있다.

① 편지의 형식

- 서두: 받는 사람의 호칭, 첫인사, 계절과 관련된 인사, 문안인사, 자기 안부
- 사연: 편지를 쓰게 된 이유, 용건
- 결미: 끝인사, 날짜, 서명
- 부기(추신, ps): 깜빡 잊고 빠뜨린 내용

② 편지 쓰는 요령

- 어렵게 생각하지 말고 상대방과 마주보고 이야기하듯 편안한 기분으로 쓴다.
- 상대방이 편안하게 받아볼 수 있도록 친근하며 알기 쉬운 문장으로 쓴다.
- 대상에 따라서 그에 알맞은 예의나 격식을 갖추어 쓴다.

③ 편지의 효용

- 일정한 격식과 성의를 갖추어 쓰는 글로서 정성이 들어갔다는 점에서 받는 사람을 기쁘게 한다.
- 말로 할 수 없었던 이야기를 대신할 수 있다.

- 서로의 소식을 전할 수 있다.
- 글로 기록한 것이기 때문에 오래 남길 수 있다.

2) 일기

일기는 하루 동안 가장 인상 깊었거나 중요하다고 생각되는 일을 반성과 감상을 곁들여 쓰는 글이다. 하루 동안 있었던 일들을 떠올리면서 글감을 선정하는데, 스스로 정하기 어려울 때는 부모님의 도움을 받는다.

- 연, 월, 일, 요일을 꼭 쓴다.
- 하나의 글감을 정한다.
- 날씨는 자세하게 표현해서 문장으로 쓴다.
- 한 일보다 생각하고 느낀 점을 쓴다.
- 중심 생각이 나타나도록 쓴다.
- 한 가지 내용만 정해서 자세하게 쓴다.
- 대화 글을 넣어서 쓴다.

활동 27 편지 쓰기

본 활동은 학생들의 쓰기 능력을 높이기 위한 것입니다. 친구나 부모님에게 편지를 써 보도록 지도합니다.

친구나 부모님에게 편지를 써 보세요.

제5장

쓰기 능력 향상을 위한 문법 지도

쓰기 능력 향상을 위한 문법 지도			
세부 내용		문장의 성분, 품사, 맞춤법, 띄어쓰기, 문장부호와 교정부호 알기	
목표		• 문장의 성분을 설명할 수 있다. • 품사를 설명할 수 있다. • 맞춤법을 설명할 수 있다. • 문장부호와 교정부호를 설명할 수 있다.	
단계		교수 · 학습 활동	자료
1	도입단계	쓰기에 대해서 흥미를 가질 수 있는 이야기를 한다.	
2	전개단계	• 문장의 성분을 알려 준다. • 품사를 알려 준다. • 맞춤법을 알려 준다. • 문장부호와 교정부호를 알려 준다.	활동 28
3	정리단계	수업 소감 발표	

국어교육은 크게 말하기, 듣기, 읽기, 쓰기, 문학, 문법 등의 영역으로 구성되어 있다. 이 영역 가운데 말하기, 듣기, 읽기, 쓰기, 문학 등은 국어를 매개체로 사용하는 응용 영역이지만, 문법은 국어 자체를 대상으로 한다는 점에서 가장 기본적인 영역이라 할 수 있다. 따라서 문법을 알아야 글을 잘 쓸 수 있다. 문법을 모르고서는 글을 잘 쓰기 어렵고, 문법에 어긋난 문장은 좋은 점수를 받을 수 없다. 여기서는 초등학생들이 글을 쓰는 데 꼭 알아야 할 핵심 문법을 정리해 보고자 한다.

1 문장의 성분

문장의 성분은 한 문장을 구성하는 요소로서, 어절 간 단어끼리의 관계를 말한다. 문장의 성분은 주어, 서술어, 목적어, 보어, 필수 부사어의 주성분과 관형어, 부사어의 부속 성분 그리고 독립어의 독립 성분으로 나누어진다.

1) 주성분

문장의 골격을 이루는 필수 성분으로서 주어, 서술어, 목적어, 보어가 있다.

① 주어

문장의 주체가 되는 성분으로, 문장에서 '누가' '무엇이'에 해당된다.

- 꽃이 핀다. →'꽃이'
- 영수가 공부를 한다. →'영수가'

② 서술어

주어의 동작, 작용, 상태 등을 설명하는 것으로서 문장에서 '어찌하다' '어떠하다' '무엇이다'에 해당된다.

• 여름이 온다. →'온다'
• 비가 그친다. →'그친다'

③ 목적어

서술어의 동작이나 대상이 되는 것으로서 문장에서 '무엇을'에 해당된다.
• 영희가 텔레비전을 본다. →'텔레비전을'
• 강아지가 밥을 먹는다. →'밥을'

④ 보어

불완전한 서술어를 보충해 주는 것으로서 문장에서 '되다' '아니다' 앞에 오는 '누가' '무엇이'에 해당된다.
• 다희가 회장이 되었다. →'회장이'
• 나는 선생님이 아니다. →'선생님이'

2) 부속 성분

주성분의 내용을 꾸며 주는 구실을 하는 것으로서 관형어와 부사어가 있다.

① 관형어

체언을 꾸며서 그 의미를 한정해 주는 것으로서 문장에서 '어떠한' '무엇의'에 해당된다.
• 예쁜 영희는 마음도 착하다. →'예쁜'
• 조용한 마을에 도착하였다.→'조용한'

② 부사어

주로 용언이나 다른 부사어를 꾸미는 것으로서 문장에서 '어떻게' '어찌'에 해당된다.
• 꽃이 매우 예쁘다. →'매우'
• 아기가 잘 논다. →'잘'

3) 독립 성분

주성분이나 부속 성분과 직접적인 관계가 없이 한 문장에서 따로 떨어진 것으로서 독립어가 있다. 독립어는 다른 문장의 어느 성분과도 직접적으로 관계하지 않고 독립적으로 쓰이는데, 문장에서 '부르는 말' '대답하는 말' '느낌의 말'에 해당된다.

- 철수야, 쓰레기 좀 버리고 와라. →'철수야'
- 네, 알았어요. →'네'
- 아이쿠, 넘어졌다. →'아이쿠'

예

[문장 성분 분석의 예]

나는	아름다운	경희를	몹시	사랑하였다.
주어	관형어	목적어	부사어	서술어

2 품사

품사란 공통된 성질을 지닌 단어끼리 모아 놓은 단어의 갈래를 말한다. 품사는 기능에 따라 체언, 관계언, 용언, 수식언, 독립언 등 다섯 가지로 나누고, 의미에 따라 명사, 대명사, 수사, 조사, 동사, 형용사, 관형사, 부사, 감탄사의 아홉 가지로 나눈다.

1) 체언

체언은 조사의 도움을 받아 문장에서 주체 구실을 하는 단어다. 글의 중심이 되며 명사, 대명사, 수사가 이에 속한다. 체언은 용언에 대립되고 조사(助詞)의 도움으로 여러 가지 문장 성분으로 기능할 수 있다.

① 명사

명사는 사물이나 사람의 이름을 나타낸다.

예

한국, 백두산, 대동강, 영희(사람 이름), 묶음, 포기(물건을 세는 단위)

② 대명사

대명사는 말 그대로 명사를 대신하여 사물이나 사람, 장소 등의 이름을 가리킨다.

예

이것, 저것, 그것, 나, 너, 우리, 저기, 거기

③ 수사

수사는 물건을 세는 수량이나 순서를 가리킨다.

예

하나, 둘, 첫째, 둘째, 제1, 제2

2) 관계언

관계언은 자체로는 의미를 가지지 못하며, 다른 낱말의 뒤에 붙어서 그 말과 다른 말과의 관계를 나타내는데 조사 하나뿐이다.

조사는 주로 체언 뒤에 붙어서 문장에서 체언의 구실을 하며 문장의 의미가 잘 드러나도록 해 준다.

예

-은, -는, -가, -에게, -을, -부터, -와

3) 용언

용언은 독립된 의미를 가지고 어미(語尾)를 활용하여 문장 성분으로서 서술어의 기능을 한다. 용언에는 동사와 형용사가 있다.

① 동사

동사는 사물이나 사람의 움직임을 나타낸다.

예

한다, 간다, 보다, 자다, 먹다

② 형용사

형용사는 사물이나 사람의 상태나 성질을 나타낸다.

예

예쁘다, 높다, 크다

4) 수식언

수식언은 문장에서 다른 말을 꾸며 주는 구실을 하는 것으로서 관형사와 부사가 속한다.

① 관형사

관형사는 체언을 꾸며 주는 구실을 한다.

예

이, 그, 저, 헌, 새, 한, 두

② 부사

부사는 주로 용언을 꾸며 주는 구실을 한다.

예

아주, 매우, 갑자기, 꼭

5) 독립언

독립언은 문장에서 다른 문장 성분에 얽매이지 않고 독립성을 가지는데 감탄사 하나뿐이다. 감탄사는 말하는 사람의 놀람, 느낌, 부름이나 대답을 나타낸다.

예

어머나, 오냐, 여보게, 네

예

[품사 분석의 예]

나/는	아름다운	경희/를	몹시	사랑하였다.
대명사/조사	형용사	명사/조사	부사	동사

3 맞춤법

글자는 크게 뜻글자와 소리글자로 나뉘는데, 뜻글자는 하나하나의 글자가 낱말의 뜻을 나타내는 글자이고, 소리글자는 뜻과는 상관없이 소리만 적는 글자다.

우리글은 대표적인 소리글자로 소리가 들리는 그대로 적으면 된다. 하지만 소리 나는 대로 적으면 맞춤법과 띄어쓰기에 어긋나는 경우가 있다. 그 이유는 소리가 말과 글이라는 다른 두 방법으로 표현되기 때문이다.

예를 들면, 소리글자의 기본으로 소리 나는 대로 글을 쓴다고 가정할 때, '값(價)'에 대해 '값, 값이, 값만, 값도, 값을' 등이 소리로 나올 때는 [갑, 갑씨, 감만, 갑또, 갑쓸]로 발음된다. 이 경우 값을 소리 나는 대로 적는다고 하면, '이거 값이[갑시] 얼마입니까?' '이거 값만[감만] 비싸네요.' '이거 값도[갑또] 싸네요.' '값을[갑쓸] 치르다.'가 된다.

따라서 아무런 정보 없이 소리 나는 대로 적은 글을 읽는다면 정확하게 무엇을 뜻하는지 알 수 없을 것이다. 이러한 이유로 글에서는 소리에서와 달리 몇 가지 규칙을 정해 독자들로 하여금 헷갈리지 않게 했다.

여기서는 초등학교 수준에서 꼭 알아야 하는 맞춤법을 소개해 보았다.

1) '사이시옷' 제대로 알기

단어와 단어가 합쳐질 때 '사이시옷'이 들어가는 경우와 그렇지 않은 경우가 있다. 이것은 '등교' + '길'을 쓸 때와 같이 소리와 일치하지 않는 문제 때문으로, '사이시옷'을 넣기 위해서는 세 가지 조건이 충족되어야 한다.

- 두 단어가 합해져서 하나의 단어가 된 것
- 두 단어 중 하나는 반드시 고유어일 것
- 원래 없었던 된소리가 나거나 'ㄴ'소리가 덧날 것

단어		단어	발음	표기
저(箸, 한자어)	+	가락(고유어)	저까락	젓가락
깨(고유어)		잎(고유어)	깬닙	깻잎

그럼 왜 '숟가락'은 '젓가락'처럼 '숫가락'이 아닌가?

'숟가락'은 '젓가락'과 마찬가지로 밥 한 술, 두 술 할 때의 '술'이라는 한자어와 '가락'이라는 고유어가 결합된 것으로 위의 규칙을 적용한다면 '술가락'이 되어야 한다. 하지만 술가락이라 소리 내면 '술'보다 '가락'이 강해 강조해야 하는 '술'이 약하게 들린다. 그래서 '술'을 '숟'으로 바꿔 강하게 소리 나도록 한 것이다.

'숟가락' 외에도 예외적인 것이 있다. 바로 '셋방'인데, '셋방'은 '세[貰]'와 '방[房]'이라는 두 한자어가 합쳐진 것으로 '세방'으로 표기되어야 하지만 예외적으로 '셋방'으로 표기된다.

단어		단어	발음	표기
전세(傳貰, 한자어)		방(房, 한자어)	전세빵	전세방
전세(傳貰, 한자어)	+	집(고유어)	전세찝	전셋집
세(貰, 한자어)		방(房, 한자어)	세빵	셋방

2) '반드시'와 '반듯이'의 차이점

'반드시'는 '꼭'이라는 뜻이고, '반듯이'는 '반듯하게, 똑바르게'라는 뜻이다. '반드시'는 같은 모양이 들어 있는 다른 단어가 없지만, '반듯이'는 같은 모양이 들어 있는 다른 단어가 있다. '반듯하다'의 '반듯'이 '반듯이'의 '반듯'과 같다. 이렇게 같은 모양이 들어 있는 단어가 있으면 '반듯이'처럼 그 모양을 밝혀 쓰고, 그렇지 않은 경우에는 '반드시'처럼 소리 나는 대로 쓴다.

그럼 '겉절이'의 예를 보자. 소리 나는 대로 적는다면 '걷쩌리'가 된다. 하지만 '절이' '절이다'는 같은 모양의 다른 단어가 있다. 따라서 '걷쩌리'가 아닌 '겉절이'가 된다.

- '반드시'처럼 소리 나는 대로 적어야 하는 단어: 설거지, 아무튼
- '반듯이'처럼 본 모양을 밝혀 써야 하는 단어: 깨끗이, 깍듯이

3) '-이'와 '-히'의 구별법

'깨끗이'와 '깨끗히' 중 어느 것이 올바른 것인지 구분하는 방법은 의외로 간단하다. '-하다'가 붙을 수 있는 말은 모두 '-히'로 쓴다고 생각하고 그렇지 않은 몇 가지 예외적인 경우만 기억하면 된다.

['-히'가 아닌 '-이'로 쓰는 예외적인 경우]

- 'ㅅ' 받침으로 끝나는 말 다음에는: 깨끗-이, 반듯-이, 깍듯-이
- 'ㅂ' 받침이 없어지는 말 다음에는: 가벼(ㅂ)-이, 새로(ㅂ)-이, 너그러(ㅂ)-이

- '하다'가 붙지 않는 말 다음에는: 같-이, 깊-이, 헛-되이
- 부사 다음에는: 더욱-이, 일찍-이, 오뚝-이
- 같은 말이 반복되어 만들어진 말 다음에는: 첩첩-이, 겹겹-이, 알알-이

4) '되'와 '돼', '안'과 '않'의 구별

'되'는 '되다'의, '돼'는 '되어'의 준말이다. 비슷한 예가 '하'와 '해'로 '하여'의 준말이 '해'다. 쉽게 구별하는 법은 '되'와 '돼'를 '하'와 '해'라는 말로 바꾸어 보면 된다. '하'를 넣어 말이 되면 '되'를 쓰고 '해'를 넣어 말이 되면 '돼'를 쓴다.

- 됬다 / 됐다 →(핬다 × / 했다 ○) → 됐다
- 되서 / 돼서 →(하서 × / 해서 ○) → 돼서
- 되고서 / 돼고서 →(하고서 ○ / 해고서 ×) → 되고서

5) '왠'과 '웬'의 구별

'웬'은 명사를 꾸며 주는 관형사로 '이, 그, 저, 새, 헌'과 같은 성질의 단어다. 따라서 '웬'은 명사 앞에만 쓸 수 있고 '웬' 앞뒤로는 모두 띄어 써야 한다. 하지만 '왠'은 '왜인지'의 준말로 '왠지'라고만 쓸 수 있다.

- 웬 일이니?
- 웬 사람이 이렇게 많아?
- 왠지 모르게 웃음이 난다.

4 띄어쓰기

훈민정음을 처음 만들었을 때는 띄어쓰기가 존재하지 않았고 한국 최초의 한글 신문인 〈독립신문〉에서도 띄어쓰기가 되어 있지 않았다. 하지만 소리글자인 우리글은 띄어쓰기를

하지 않으면 의미를 전달하는 데 어려움이 많다. 예를 들어, '아버지가방에들어갑니다.'의 경우 무슨 뜻인지 잘 알 수 없다. 띄어쓰기는 이러한 문제를 해결하기 위해, 글을 정확하고 빠르게 읽을 수 있도록 사용하기 시작했다.

그럼 띄어쓰기는 어떻게 할까?

영어와 마찬가지로 단어를 띄어 쓰면 된다. 단, 예외적으로 조사는 무조건 붙여야 한다. 하지만 가끔 어디까지가 단어인지 모르는 경우가 있다. 이때는 사전에서 찾을 수 있는 말이 단어라고 보면 된다.

우리말 띄어쓰기의 기본은 이렇게 간단하다. 여기에 몇 가지 규칙을 더 알아두면 띄어쓰기에 자신감이 붙을 것이다.

1) 조사 붙여 쓰기

명쾌한 글이 되려면 글에서 전달하려는 글쓴이의 생각이 무엇인지 분명해야 하고, 문장이 한 가지로만 분명하게 해석되어야 한다.

문장을 명쾌하게 쓰기 위해서는 어떻게 해야 할까?

조사를 정확하게 쓰면 된다. 예를 들어, "선생님이 은원이에게 책을 선물했다."라는 문장에서 '이' '에게' '을'은 모두 조사다. 이때 조사의 위치를 바꿔 "선생님에게 은원이가 책을 선물했다."라고 쓰면 글의 내용은 완전히 달라진다. 따라서 글을 쓸 때 조사의 위치는 정확해야 하고, 이때 조사는 앞 낱말에 항상 붙여서 써야 한다.

2) 관형절 띄어쓰기

띄어쓰기 중에 까다로운 것이 관형절과 의존명사 사이의 띄어쓰기다. 자립명사와 달리 의존명사는 그 의미가 분명하지 않기 때문이다. 의존명사나 관형절을 잘 모르는 경우 동사나 형용사 다음에 관형절임을 알 수 있게 해 주는 '-은, -는, -을, -던'이 붙으면 뒤에 오는 말과 무조건 띄어 쓰도록 한다.

① 지현이가 먹은 만큼 너도 먹어라.

② 지현이가 먹을 만큼(만) 너도 먹어라.

③ 지현이가 먹던 대로 너도 먹어라.

①~③에서 '먹다'라는 동사가 '만큼'과 '대로'를 꾸며 주고 있다. 이렇게 동사가 뒷말을 꾸며 주고 있을 때는 띄어 써야 한다. 여기서 '만큼'과 '대로'는 의존명사다.

④ 지현이는 너만큼 먹었다.
⑤ 지현이는 규칙대로 먹었다.

④와 ⑤에서 '-은, -는, -을, -던' 없이 명사 '너'와 '규칙' 뒤에 '만큼'과 '대로'가 붙어 부사어가 되었다. 이럴 경우 '대로'와 '만큼'은 조사이므로 반드시 붙여 써야 한다.

여기서 한 가지 주의할 것이 있다. '-ㄴ지'와 '-ㄹ지'의 경우 규칙대로 하면 띄어 써야 하지만 ⑥과 ⑦처럼 모두 붙여 쓴다. 이것은 오랫동안 붙어 다녀서 한 단어로 인정해 주기로 했기 때문이다.

⑥ 지현이가 너만큼 먹는지 모르겠다.
⑦ 지현이가 너만큼 먹을지 모르겠다.
⑧ 지현이가 케이크를 먹은 지 한 시간이 되었다.

⑧의 경우는 '-ㄴ지'의 예외적인 적용으로 '지'가 시간과 관련된 단어와 함께 쓰일 때는 띄어 써야 한다. 이렇게 예외적인 경우가 생긴 것은 언어가 시간이 지남에 따라 변하기 때문이다. 현재 '-ㄹ지'는 완전히 붙여 쓰는 것으로 바뀌었으나 '-ㄴ지'는 바뀌고 있는 중이다.

3) 부정부사 띄어쓰기

부정부사는 부사의 하나로 반드시 띄어 쓴다. 그러나 '안'과 '못'의 경우는 붙이기도 혹은 띄어쓰기도 하는데 그 이유는 다음과 같다.

① 은진이가 참 안됐어.

② 너는 어떻게 나이 값도 못하니?

①과 ②의 경우 '안'과 '못'은 붙여야 한다. 왜냐하면 여기서 '안'과' '못'은 부정부사가 아니기 때문이다. ①의 '안됐다'는 '안'과 '되다'가 결합되어 만들어진 단어로 '섭섭하거나 가엾어 마음이 언짢다'는 뜻이고, ②의 '못하니'는 '못'과 '하다'가 결합되어 만들어진 단어로 일을 할 능력이 없거나 수준에 미치지 못한다는 뜻이다.

문장 속에서 '안'이나 '못'을 없애고 말이 되면 부정부사이고, 어색하면 부정부사가 아닌 새로운 단어로 간단히 구별할 수 있다. ①과 ②에서 '안'과 '못'을 없애 보자.

③ 은진이가 참 됐어.

④ 너는 어떻게 나이 값도 하니?

①과 ②에서 '안'과 '못'을 없앴을 때 ③과 ④처럼 문장이 어색해지면 이때 '안'과 '못'은 부정부사가 아니라 다른 단어와 결합되어 새로운 단어가 된 것으로서 절대 띄어 쓰면 안 된다.

5 문장부호와 교정부호

우리말에는 글쓰기에 사용하는 여러 가지 부호가 있는데, 바로 문장부호와 교정부호가 그것이다. 문장부호는 글의 의미를 보다 정확하게 전달해 주며 글쓴이의 어조를 알 수 있게 해 주고, 교정부호는 글의 잘못된 부분을 수정하는 것을 도와 어떤 부분을 어떻게 고치고자 하는지 알게 해 준다. 문장부호와 교정부호는 많은 사람들이 소홀히 하는 부분이지만 자신의 뜻을 정확하게 전달하고자 하는 경우 없어서는 안 될 중요한 것이다.

1) 문장부호

문장부호는 구두점이라고도 하는데, 순수하게 논리적인 목적에서 사용되는 경우와 어조상(語調上)의 쉼을 위하여 사용하는 경우가 있다. 시(詩)에서는 리듬을 위해 사용하기도 한다. 문장부호의 기원은 한문 원전(原典)을 읽을 때 독해(讀解)의 필요에서 찍는 훈점(訓點)에서 찾을 수 있으며, 표현을 위해 사용된 문장부호의 발달은 로마자가 한국에 소개되면서부터 차용·발전하였다.

『수형기(水衡記)』에 다음과 같은 이야기가 전한다.

양(梁)나라의 장승요(張僧繇)가 금릉(金陵: 南京)에 있는 안락사(安樂寺)에 용 두 마리를 그렸는데 눈동자를 그리지 않았다. 사람들이 이상히 생각하여 그 까닭을 묻자 "눈동자를 그리면 용이 날아가 버리기 때문이다."라고 대답하였다. 그러나 사람들은 그 말을 믿지 않았다. 그래서 그는 용 한 마리에 눈동자를 그려 넣었다. 그러자 갑자기 천둥이 울리고 번개가 치며 용이 벽을 차고 하늘로 올라가 버렸다. 눈동자를 그리지 않은 용은 그대로 남아 있었다.

이 내용은 화룡점정(畵龍點睛)이라는 말에 대한 이야기로, 무슨 일을 할 때 최후의 중요한 부분을 마무리함으로써 그 일을 돋보이게 하거나 완성한다는 뜻을 비유한 말이다. 글을 쓰는 데 화룡점정의 역할을 하는 것이 바로 문장부호다. 문장부호가 있음으로써 글은 더 확실하게, 그리고 세련되게 전달된다.

현재 가장 널리 쓰이는 문장부호는 다음과 같다.

① 마침표

문장을 끝맺을 때 쓰는 것으로 온점, 고리점, 물음표, 느낌표가 있다.

부호	명칭	쓰임	쓰임의 예
.	온점	서술·명령·청유 따위를 나타내는 문장의 끝에 쓰거나, 아라비아 숫자만으로 연월일을 표시할 때, 준말을 나타낼 때, 또는 표시문자 다음에 쓴다. ※ 둘의 쓰임은 같으나 가로쓰기에는 온점, 세로쓰기에는 고리점을 쓴다.	• 3학년이 되었다. • 이리 와. • 22.5kg • Mr. • 2010. 3. 20.
°	고리점		
?	물음표	묻는 문장의 끝에 쓴다.	• 몇 반이니?
!	느낌표	기쁘거나 슬프거나 놀랐을 때, 그 느낌을 나타내는 문장의 끝에 쓴다.	• 꽃이 정말 예쁘구나!

② 쉼표

반점, 가운뎃점, 쌍점, 빗금이 있는데 흔히 반점만을 이르기도 한다.

부호	명칭	쓰임	쓰임의 예
,	반점	여러 말을 늘어놓을 때나 부르는 말 뒤에 쓴다.	• 봄, 여름, 가을, 겨울이 있습니다. • 효빈아, 고마워.
·	가운뎃점	몇 개의 단어를 나열할 때, 또는 두 숫자로 된 말 사이에 쓴다.	• 수박 · 참외 • 3 · 1절 • 6 · 25전쟁
:	쌍점	내포되는 종류를 열거할 때, 소표제 뒤에 간단한 설명이 붙을 때, 저자명 다음에 저서명을 적을 때, 시(時)와 분(分), 장(章)과 절(節) 따위를 구별할 때, 둘 이상을 대비할 때 쓴다.	• 과일: 사과, 배, 감 • 일시: 1984년 10월 15일 10시 • 정약용: 목민심서, 경세유표
/	빗금	대응 · 대립되거나 대등한 것을 함께 보이는 단어 · 구 · 절 사이에 쓰고, 대등한 것으로 '또는'을 나타낼 때, 분수를 나타낼 때 쓴다.	• 선우 훈/선우훈 • 이백삼십 원/230원 • (ㅇㅇ)이/가, 1/4분기, 2/10

③ 따옴표

인용하거나 강조할 때 주로 쓰는 것으로 큰따옴표, 겹낫표, 작은따옴표, 낫표가 있다.

부호	명칭	쓰임	쓰임의 예
" "	큰따옴표	글 가운데 직접 대화를 보이고자 할 때, 남의 말을 직접 인용할 때 쓴다.	• "학교에 같이 가자."
『 』	겹낫표	따옴표의 하나로 세로쓰기에 사용하는 문장부호 이름이다. 직접 대화를 표시하거나 남의 말을 인용하는 경우, 책 제목을 언급할 때 사용한다.	• 『삼국지』
' '	작은따옴표	특별히 쓰이는 말, 특히 강조하여 주의를 돌리려는 말과 신문 이름 · 책 이름 · 제목 등을 두드러지게 보일 때, 또 글 가운데서 마음속으로 생각하는 것 등을 보일 때, 따온 말 가운데 다시 따온 말이 들어 있을 때 쓴다.	• '이 책 참 재미있겠다.' 라고 생각했다.
「 」	낫표	따옴표의 하나로 세로쓰기에 사용하는 문장부호 이름이다. 따온 말 가운데 다시 따온 말을 나타낼 때나 마음속으로 한 말을 나타낼 때, 문학작품 제목을 언급할 때 사용한다.	• 「소나기」

④ 묶음표

다른 글과 구별하고자 하는 부분의 앞뒤에 쓰는 것으로 소괄호, 중괄호, 대괄호(꺾쇠묶음)가 있다.

부호	명칭	쓰임	쓰임의 예
( )	소괄호	원어 · 연대 · 주석 등을 넣을 때, 기호 또는 기호의 구실을 하는 문자 · 단어 · 구에 쓴다.	• 커피(coffee)는 기호식품이다.
{ }	중괄호	여러 단위를 동등하게 묶을 때 쓴다.	• 아이들이 모두 학교{에, 로, 를} 갔어요.
[ ]	대괄호	묶음표 안의 말과 바깥 말의 음이 다를 때, 묶음표 안에 또 묶음표가 있을 때 쓴다.	• 나이[年歲]

⑤ 이음표

보충하는 말을 나타낼 때 쓰는 것으로 줄표가 있다.

부호	명칭	쓰임	쓰임의 예
—	줄표	이미 말한 내용을 다른 말로 부연하거나 보충할 때 쓴다.	• 그는 네 살에—보통 아이 같으면 읽지도 못할 나이에—벌써 시를 지었다.

이 밖에 한글맞춤법에는 붙임표(-), 물결표(~), 줄임표(……) 등 모두 30종의 부호가 있다.

2) 교정부호

완성된 문서의 내용이 잘못되었을 경우 이를 바로잡도록 지시하는 데 사용되는 기호다. 교정부호는 정해진 대로 사용해야 하며, 교정하려는 의미가 명확히 전달되도록 깨끗하게 표기한다. 교정부호의 색은 원고 내용의 색과 다르게 하여 눈에 잘 띄도록 표기해야 하며, 교정하려는 글자를 정확하게 지적하고 여러 교정부호를 쓸 때는 서로 겹치지 않도록 주의해야 한다.

교정부호	쓰임	쓰임의 예
	붙여 쓸 때	도서관 에서 책을 읽었다.
	띄어 쓸 때	내이름은 김삼순
	글자를 집어넣을 때	세수를 다솜이는 한다.
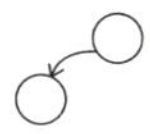	한 자를 고칠 때	이 손을 깨끗히 씻자.
	여러 글자를 고칠 때	나는 깬닙을 좋아한다. 깻잎
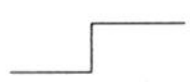	줄을 바꿀 때	“야, 호수가 맑다.” 나는 웃으며 말했다.
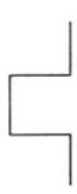	오른쪽으로 옮길 때(들여쓰기)	행복의 노래를 부른다.
	왼쪽으로 옮길 때(내어쓰기)	질서를 지켜야 한다.
	앞과 뒤의 순서를 바꿀 때	소리 쳤습니다. “야!”라고
	줄을 이을 때	감기약을 먹었다. 너무 써서 사탕을 먹었다.
	삭제할 때	나는 정정말 행복하다.

활동 28 교정부호 활용하기

본 활동은 학생들이 교정부호를 적절하게 활용할 수 있도록 하기 위한 것입니다. 예문에서 교정해야 할 내용들을 교정부호를 사용하여 알맞게 고칠 수 있도록 지도합니다.

다음 글을 읽고 교정부호를 사용하여 글을 다듬어 보세요.

탈무드에 나오는 유명한 이야기다. 아버지가 아들이에게 말했다. "사람의 마음에는 두 마리의 늑대가 있단다. 하나는 긍정적인 생각을 하게 하는 늑대이고, 하나는 부정적인 생각을 하게하는 늑대란다." 그 말에 아

들이 아버지에게 물었다. "그럼 결국에는 누가 이겨요?"

아버는 "네가 먹이를 주는 쪽이 이긴다."라고 대답했다.

결국 우리는 긍정적인 하면 생각을 긍정적인 행동을 하게 되고, 부정적인 생각을 하면 부정적인 행동을 하게 되 는 것이다.

답

탈무드에 나오는 유명한 이야기다. 아버지가 아들이에게 말했다. "사람의 마음에는 두 마리의 늑대가 있단다. 하나는 긍정적인 생각을 하게 하는 늑대이고, 하나는 부정적인 생각을 하게하는 늑대란다." 그 말에 아

들이 아버지에게 물었다. "그럼 결국에는 누가 이겨요?"

지

아버는 "네가 먹이를 주는 쪽이 이긴다." 라고 대답했다.

결국 우리는 긍정적인 하면 생각을 긍정적인 행동을 하게 되고, 부정적인 생각을 하면 부정적인 행동을 하게 되 는 것이다.

memo

제6장

노트 필기 전략 지도

노트 필기 전략 지도			
세부 내용		• 필기 전략의 필요성 알기 • 시험 잘 보는 노트 필기 전략 알기 • 효율적인 노트 필기법 알기 • 코넬 노트 필기법 알기 • 마인드맵 노트 필기법 알기	
목표		• 필기 지도의 필요성을 설명할 수 있다. • 노트 필기를 잘할 수 있다.	
단계		교수 · 학습 활동	자료
1	도입단계	노트 필기의 중요성을 설명한다.	
2	전개단계	• 필기 전략의 필요성를 설명해 준다. • 시험 잘 보는 노트 필기 전략을 지도한다. • 효율적인 노트 필기법을 지도한다. • 코넬 노트 필기법을 지도한다. • 마인드맵 노트 필기법을 지도한다.	
3	정리단계	수업 소감 발표	

1 필기 전략의 필요성

학교 현장에서 오랫동안 학생들을 지도해 본 교사일수록 공부 잘하는 학생의 노트는 분명 다르다고 한다. 지금 시중에는 수많은 공부와 관련된 책들이 난무하지만, 그중에서 필기에 대해서는 딱히 짚고 넘어가는 책이 많지 않다. 그도 그럴 것이 노트 필기라는 것이 학생이라면 누구나 하는 것, 초등학교 교실에서부터 대학 시절까지 줄곧 써 오는 것이라 별 것 아닌 것처럼 보이기 때문이다. 하지만 분명한 것은 공부 잘하는 학생들이 노트 필기도 잘한다는 것이다. 그렇다면 노트 필기에도 나름의 비법이나 비결이 있다고 할 수 있다.

1) 수업 내용을 이해하고 파악하는 데 도움을 준다

학생들이 필기를 잘하기 위해서는 수업을 잘 들어야만 가능하다. 그래서 학생들은 필기를 하기 위하여 수업 중에 능동적으로 집중하여 수업의 흐름을 파악하려는 노력과 함께 핵심을 이루는 내용을 찾아내고 기록하게 된다. 따라서 필기를 하는 학생들은 필기를 하지 않는 학생들에 비하여 수업 내용을 정확히 파악하고 오래 기억한다.

교사가 학생들에게 수업 내용을 있는 그대로 기록하게 하는 것보다 자신이 이해하는 것을 자신의 언어로 바꾸어 기록하게 하면 훨씬 큰 교육적 효과를 가져올 수 있다.

2) 기억 증진 및 집중을 가능하게 해 준다

수업 중에 가만히 듣는 학생들보다는 필기를 열심히 하는 학생들이 수업에 대한 집중이 높은 것을 알 수 있다. 수업을 듣기만 하는 학생은 오히려 다른 생각으로 빠지게 되어 교사에게 시선을 주어도 마음은 다른 곳에 가 있는 것을 발견하게 된다.

따라서 수업 내용을 듣고 중요한 것은 필기를 하는 것이 수업 내용을 보다 적극적으로 이해하는 데 도움이 되며, 주의를 촉진시킴으로써 기억을 증대시키고 정신 집중을 강화할 수 있다.

3) 필기는 복습 효과를 가져다준다

인간의 기억력에는 한계가 있다. 심리학자들은 사람은 학습을 한 다음 20분 후에는 40% 가량을 잊어버리고, 이틀 후에는 약 70%를 잊는다고 한다. 이처럼 잊어버리는 속도는 대단히 빠르기 때문에 지속적으로 반복하지 않으면 아무리 머리가 좋은 학생들도 남는 것이 별로 없게 된다. 성적이 나쁜 학생들 중에 노트 정리를 소홀히 하거나 잘 못하는 학생이 많다는 사실도 알고 보면 이러한 이유에 근거하고 있는 것이다.

따라서 교사는 아무리 머리가 우수한 학생이라도 기억에는 한계가 있기 때문에 수업 중에 중요한 내용들을 필기하도록 하여 복습이 자연스럽게 이루어지면서 기억력을 높이는 데 도움이 될 수 있도록 해야 한다.

2 시험 잘 보는 노트 필기 전략

1) 각 과목의 단원별 학습 목표를 필기한다

학습 목표는 단원의 가장 중요한 부분이고 반드시 시험에 나오기 때문에 필기해 두었다가 시험 전에 꼭 공부한다.

2) 수업 중에 선생님이 강조하거나 시험에 출제된다고 하는 것은 표시를 해 둔다

수업 중에 선생님이 강조한 것은 꼭 시험에 나오기 때문에 반드시 표시를 해 두고 시험 전에 확인한다.

3) 필기한 것은 수업이 끝난 후 복습에 활용한다

필기는 배운 것을 복습하기 위해서 하는 것이므로 수업이 끝난 후 학교나 집에서 반복적으로 보고, 시험을 볼 때도 활용한다.

4) 노트 필기는 수업을 들은 후 남는 시간에 한다

노트 필기는 수업을 듣고 중요한 것을 복습하는 차원에서 하는 것이다. 그러나 필기에 집중하다 보면 수업 내용에 소홀해질 수 있으므로 오히려 비효율적인 것이 될 수 있다. 따라서 우선 수업을 먼저 듣고 그중 중요한 것을 기억하며 적는 것이 좋다.

5) 수업 시간의 필기는 자유롭게, 방과 후에 깨끗하게 정리한다

수업 시간에 필기를 완벽하게 정리하기란 힘들다. 따라서 수업 시간에는 연습장에 자유롭고 편하게 필기를 한다. 그런 다음 방과 후에 배운 것을 기억하면서 주요 내용만 해당 노트에 깨끗하게 정리하면 머릿속에 체계적으로 정리가 되고 복습의 효과도 높다.

6) 그림과 도표를 활용한다

노트에 오직 글자만 사용해서 필기를 한다면 답답해 보일 수 있다. 따라서 그림을 활용하여 나타내면 이해하기도 쉽고 응용할 수도 있어서 기억에 오래 남는다. 뿐만 아니라 사진, 도표 등의 자료를 이용하면 좀 더 흥미를 유발할 수 있어서 재미있게 공부할 수 있다.

3 효율적인 노트 필기법

1) 노트에 필기를 할 때는 중요도에 따라 색깔을 다르게 사용한다

여러 가지 색깔을 사용하되 너무 다양한 것은 좋지 않고 빨강, 파랑, 검정 정도가 적당하다. 빨간색 볼펜으로 쓴 것은 중요한 내용, 파란색 볼펜으로 쓴 것은 도움이 되는 내용, 검정색 볼펜으로 쓴 것은 일반적인 내용 등으로 구분하면 복습을 할 때 매우 유용하다. 시간이 없을 때는 빨간색으로 필기한 것만 공부하면 되고, 조금 여유가 있을 때는 파란색으로 표시한 것까지 보면 되고, 충분한 여유가 있을 때는 모든 것을 복습하면 된다.

2) 노트에 낙서를 하지 않는다

노트를 사용할 때는 용도에 맞게 사용하는 습관을 길러야 한다. 수업 시간에 사용하는 노트는 그 시간에 들은 내용을 기록하는 용도로만 사용하고 낙서는 하지 않도록 한다. 학습 내용을 필기하면서 낙서를 하게 되면 복습을 할 때도 정신이 분산되고 집중을 할 수가 없다.

3) 노트는 과목별로 작성한다

노트 한 권에 모든 교과의 내용을 적으면 학습의 연계성이 저해를 받게 되므로 되도록이면 과목별로 노트를 준비한다. 그래야 일목요연하게 정리될 뿐만 아니라 복습할 때도 학습의 연계성이 생겨 효과적이다.

4) 스프링 노트는 가능한 한 사용하지 않는다

스프링 노트의 장점은 언제든 찢어버리면 첫 장처럼 사용할 수 있다는 것이다. 그러나 이러한 장점이 학생들에게는 조금만 필기를 잘못하거나 여백이 필요할 때 바로 찢어서 사용하는 결과로 나타나기 때문에 나중에는 노트를 거의 다 찢어버리는 경우도 생길 수 있다. 따라서 스프링 노트보다는 찢어버리기 쉽지 않은 노트를 사용하는 것이 노트를 오랫동안 보관하는 데 좋다.

5) 글씨는 다른 사람도 알아볼 수 있도록 쓴다

학생에 따라서는 자신만이 알아볼 수 있는 글자체를 사용하거나 글을 휘갈겨 써서 자신도 읽기 어려운 경우가 있다. 이러한 경우 노트로 복습을 하고자 할 때 효율성이 떨어진다. 따라서 자신은 물론이고 누가 보아도 알아볼 수 있도록 깨끗하게 쓰는 것이 좋다.

6) 노트의 줄을 많이 띄우지 않는다

노트 필기를 할 때 단락이나 줄 간격을 많이 두는 학생들이 있다. 이런 경우는 보기에는 시원할 수 있지만 노트를 낭비하는 결과일 뿐이므로 중요한 단락에서 구분하기 위하여 한

줄 정도만 띄고 너무 많은 여백을 주는 것은 좋지 못하다는 것을 일깨워 주어야 한다.

7) 수정을 할 때는 줄을 긋는다

노트를 깨끗이 사용한다고 틀린 글씨나 내용을 지우개나 수정액 등으로 지우고 다시 쓰는 경우가 많은데 이것은 일종의 시간 낭비에 지나지 않는다. 따라서 이때는 틀린 부분에 재빨리 선을 그어 지우고 그 밑에 다시 쓰는 방법으로 시간을 절약하는 것이 효과적이다.

8) 노트 필기한 날짜나 연상할 수 있는 것을 함께 쓴다

단지 글자만 나열되어 있는 노트를 한 번 보고 그 내용을 기억해 내는 사람은 지극히 드물다. 따라서 사진을 들여다보면 옛날 기억이 하나둘 떠오르듯 노트에도 기억을 되살릴 수 있는 장치가 필요하다. 이를테면 필기한 날의 날짜, 요일, 날씨, 선생님의 질문 등을 함께 적어 두면 큰 도움이 된다.

9) 자주 반복되는 내용은 약어를 사용한다

약어와 기호를 사용하면 필기 속도를 높일 수 있다.

예

=(같다)	∴(따라서)	∵(왜냐하면)	≠(같지 않다)
ex(예)	vs(대)	cf(비교)	☆(강조)

4 코넬 노트 필기법

노트 필기 방법에는 여러 가지가 있지만 그중에서 지금까지 가장 효과적으로 알려진 방법은 코넬 노트 필기법이다. 코넬 양식은 40여 년 전에 미국의 코넬대학교에서 노트 정리

방법으로 개발된 이후 미국을 비롯한 세계 각국에서 가장 보편적으로 사용되고 있다. 코넬 양식을 보면 왼쪽 부분에 3~4cm 정도의 구획이 그어져 있는 것을 볼 수 있다. 코넬 양식은 단순하게 보이지만 어떻게 활용하느냐에 따라서 매우 유용한 방법이 될 수 있다.

① 중요한 것	② 내용
기후의 변화	1. 한국의 기후
	가. 서울의 기후
	1) 종로구의 기후
	가) 종로2가의 기후
③ 요점 정리	
기후는 지역에 따라 다르다. 서울은 지역에 따라 기후가 다르다. 서울의 기후가 제일 특이하다.	

- ②는 수업 중 적어야 할 내용으로서 통상적으로 교사의 설명 중에 적거나 교사의 설명이 끝난 후 적는다. ①은 ②를 적은 후 수업 내용을 대표할 수 있는 핵심적인 단어, 개념, 용어를 찾아서 적는다.
- 수업 내용을 적을 때는 되도록 중요도에 따라, 범위에 따라 번호를 붙이는 것이 체계적으로 기록할 수 있는 방법이 되고 복습할 때도 도움이 된다.
- ③의 요점 정리 부분은 실제로 있는 것이 아니지만 노트의 맨 마지막 세 줄 정도를 배정

하여 그날 필기한 내용의 서론과 본론, 결론을 적어 주면 다시 한 번 반복하는 효과를 가져오며, 복습할 때 수업의 흐름을 파악하는 데 유용하다.

5 마인드맵 필기법

마음속에 지도를 그리듯이 줄거리를 이해하며 정리하는 방법으로 마인드맵은 1971년 영국의 토니 부잔이 만들었으며, 세계적인 석학들의 과학적인 검증 과정을 거쳐 두뇌 활용을 극대화하는 사고 및 학습 방법으로 자리를 잡았다.

마인드맵은 이미지와 핵심어, 그리고 색과 부호를 사용하여 좌 · 우 뇌의 기능을 유기적으로 연결함으로써, 두뇌의 기능을 최대한 발휘할 수 있는 사고력 중심의 두뇌 계발 필기법이다.

주제를 정하고 키워드를 적은 다음, 식물이 줄기에서 가지로 뻗어나가듯이 사고의 가지를 만들고 마디마다 연상되는 단어를 연결하여 머릿속의 생각을 정리한다. 이를 통해 이전의 생각과 이후에 이어지는 생각들을 나열하여 연관성을 찾아내고 합성해 보면 창조적인 아이디어와 중요한 정보들을 구조화하고 새로이 조합하는 방법을 발견하게 된다. 대부분의 마인드맵은 중간에 아이디어, 질문, 콘셉트, 제목 등을 쓰면서 시작한다. 그런 다음 하나의 아이디어가 다음의 아이디어를 설명하고, 그 아이디어 사이를 가지로 연결하면서 기술한다.

[마인드맵 노트 필기의 효과]

- 언제 어디서나 훌륭한 생각이 떠오를 때 옮겨 적을 수 있다.
- 핵심어 사용으로 중요한 내용을 파악할 수 있는 능력이 생긴다.
- 지도의 원리를 이용하므로 세부적인 내용은 물론 전체적인 내용을 파악하기 쉽다.
- 학생의 흥미를 유발하여 자기주도학습이 가능하게 한다.
- 두뇌의 여러 가지 영역을 골고루 사용함으로써 창의력과 사고력을 발달시킨다.
- 노트 필기한 것을 전반적으로 기억나게 함으로써 성적 향상에 도움을 준다.
- 어휘력과 독서 능력을 향상시킨다.
- 자기 생각을 논리적으로 표현해 봄으로써 토론, 논술 시험에 익숙해진다.

참고문헌

강희인(1997). 국어과 문종별 단원의 통합 지도방안 연구. 한국교원대학교 대학원 석사 학위 논문.

교육부(1997). 국어과 교육과정. 서울: 대한교과서주식회사.

교육인적자원부(2003). 초등학교 교사용 지도서 국어 3-2. 서울: 대한교과서주식회사.

교육인적자원부(2003). 초등학교 국어 쓰기 3-2. 서울: 대한교과서주식회사.

교육인적자원부(2003). 초등학교 국어 읽기 3-2. 서울: 대한교과서주식회사.

노명완(1988). 국어교육론. 서울: 갑을출판사.

노명완 외(1995). 국어과 교육론. 서울: 갑을출판사.

박수경(2009). 차별을 이겨내는 힘 관심. 지식채널.

박영목 외(1995). 국어과 교수학습 방법 탐구. 서울: 교학사.

박영목 외(1996). 국어교육학 원론. 서울: 교학사.

방인태 외(2000). 초등 국어과 교육. 서울: 박이정.

성태제(1998). 교육 연구 방법의 이해. 서울: 학지사.

신헌재 외(1996). 열린교육을 위한 국어과 교수·학습 방법. 서울: 박이정.

이성영(1995). 국어교육의 내용 연구. 서울: 서울대학교 출판부.

이성은(1994). 총체적 언어교육: 교실 적용의 이론과 실제. 서울: 창지사.

이성은(1997). 국어과 열린교육. 서울: 교육과학사.

천경록(1999). 독서교육과 독서 평가. 독서연구 제4회. 한국독서학회.

천경록·이재승(2000). 읽기교육의 이해. 서울: 우리교육.

최영환(1997). 기능과 전략 중심의 교육과정 설계 방안. 국어교육, 95, 147-173.

최현섭 외(2001). 국어교육학개론. 서울: 삼지원.

하청호(1987). 이야기 글에 나타난 가치 주제 분석. 계명대 석사학위 논문.

한윤옥(1997). 아동문학도서의 특성에 관한 연구. 성균관대 박사학위 논문.

허병두(1996). 교과서와 독서 교육. 교육월보 10월호. 교육부.

황경희(1994). 아동의 제재 흥미와 생활문 짓기 능력과의 관계. 이화여자대학교 대학원 박사학위 논문.

memo

memo

memo

저자소개

전도근(bangkok3@naver.com)

공주대학교 일반사회교육과를 졸업하고 경희대학교 교육대학원에서 교육공학을 공부하였으며, 홍익대학교에서 평생교육정책으로 박사학위를 받았다. 의정부고등학교와 의정부여자고등학교, 화수고등학교에서 16년간 교사로 학생들을 지도하였고, 강남대학교에서 5년간 강의하였다. 지금까지 교육, 컴퓨터, 요리, 자동차, 서비스 등과 관련된 50여 개의 자격증을 취득하였으며, 각 대학교, 지방자치단체, 교육청, 평생교육원, 국가전문행정연수원 및 각종 기업체 연수원 등에서 2,000여 회 이상 특강을 하였다. 제1회 평생학습대상 특별상을 수상하였고, SBS 〈순간 포착 세상에 이런 일이〉, KBS 〈한국 톱텐〉에 소개된 바 있다. 『엄마는 나의 코치』『공부하는 부모가 공부 잘하는 자녀를 만든다』『생산적 코칭』『명강사를 위한 명강의 전략』『자기주도적 공부 습관을 길러 주는 학습코칭』 등을 비롯한 70여 권의 책을 집필하였다.

📖 한국자기주도학습코치협회(http://cafe.naver.com/forcev5.cafe)

박인숙(cpsj0516@naver.com)

창원대학교 법학과를 졸업하고, (주)인터파크CS 중국지사에서 교육 업무를 진행하였다. 다수의 대학교 평생교육원과 문화센터, 여성회관 등에서 학습코칭 강의를 하고 있다. 현재 '공부의 달인을 만드는 자기주도적 공부습관을 길러 주는 하자아카데미' 전임연구원, 평생교육실천포럼협회 사무차장, 학습코치로 활동하고 있다. 문화센터 매니저로도 활동하면서 다양한 평생교육 프로그램을 기획, 운영하고 있다.

자기주도적 학습전략 시리즈 [교사용 지도서]

6 공부의 달인이 되는 쓰기 전략

2010년 4월 5일 1판 1쇄 발행
2011년 8월 20일 1판 2쇄 발행

지은이 • 전도근 박인숙
펴낸이 • 김 진 환
펴낸곳 • ㈜ 학지사
121-837 서울시 마포구 서교동 352-29 마인드월드빌딩 5층
대표전화 • 02) 330-5114 팩스 • 02) 324-2345
등록번호 • 제313-2006-000265호
홈페이지 • http://www.hakjisa.co.kr
커뮤니티 • http://cafe.naver.com/hakjisa

ISBN 978-89-6330-327-7 04370
978-89-6330-321-5 (set)

정가 10,000원